Mona Schnell

Weiblich Ü40 Verlassen

Die Bucketlist für das Jahr danach

MH MONTAGS HAPPEN

Alle externen Links und QR-Codes wurden bis zum Zeitpunkt der Drucklegung dieses Buches geprüft. Etwaige spätere Änderungen kann der Verlag nicht beeinflussen. Deshalb ist die Haftung des Verlags ausgeschlossen.

Bibliografische Informationen der Deutschen Nationalbibliothek

Die Deutsche Nationalbibliothek verzeichnet diese Publikation in der Deutschen Nationalbibliografie; detaillierte bibliografische Daten sind im Internet über http://dnb.de abrufbar.

ISBN 978-3-98640-008-8

Text: Mona Schnell, Hamburg | https://monaschnell.de/
Lektorat: Jana Assauer, Kürten | https://bildungsbotschaft.de/
Nadine Fritz, Elstorf | https://carrieacullen.de/
Cover: Sarah Adamus, Konstanz | https://sarahadamus.de/
Satz & Layout: Marion Lehmann, Hamburg | https://frau-lehmann.net/
Autorinnenfoto: Jan Kohlrusch
Printed in Germany

https://montagshappen-verlag.de, https://montagshappen.de
https://www.facebook.com/montagshappen/
https://www.linkedin.com/company/montagshappen
https://instagram.com/montagshappen/

Für Mr. C. –
Ich bin dankbar für jeden gemeinsamen Tag.

Inhalt

Vorwort

Liebe Leserin,

wenn du dieses Buch liest, geht es dir wahrscheinlich zurzeit nicht besonders gut. Das tut mir schrecklich leid. Ich kann mir vorstellen, wie du dich gerade fühlst. Ich teile deine Traurigkeit, deine Wut, deine Hilflosigkeit. Wie sagen die Engländer so schön: »Been there – done that.«

Ja, ich bin weiblich, Ü40 und ich wurde verlassen. Verdammt! Das hat mich ganz schön aus der Bahn geworfen. Wie jedes Mal zuvor. Ja, ich wurde nicht zum ersten Mal verlassen. Nein, es fühlt sich, auch wenn ich inzwischen über eine gewisse Erfahrung darin verfüge, nicht besser an.

Ich habe dieses Buch geschrieben, weil ich die Trennung dieses Mal anders verarbeiten wollte. Vielleicht geht es dir nach der Lektüre ebenso wie mir: Nach ein paar Tagen Trauer und Tränen war der Schalter umgelegt und ich hatte überhaupt keine Lust mehr darauf, wieder einmal das heulende Elend zu sein. Vielleicht verfügt jede von uns nur über ein gewisses Kontingent an Traurigkeit in ihrem Leben und irgendwann ist es einfach aufgebraucht und sowohl Kopf als auch Bauch sagen: Dieses Mal machst du das aber anders. Ich hatte von Tag eins an keine Lust, das »Opfer« zu sein, das zuhause sitzt und sich bedauert. Klar, so ein bisschen Heulerei ließ sich nicht vermeiden. Und das ist auch gut so – warum erzähle ich dir später. Aber ich habe fast sofort eine Entscheidung getroffen, die ich seither jeden Tag neu treffe: Ich will nicht leiden. Zumindest nicht mehr als nötig.

Ja, ich habe getrauert und ich trauere immer noch um die Beziehung, die mir so wichtig war wie keine andere zuvor. Ich vermisse die Selbstverständlichkeit und Freundschaft, die mich mit meinem Partner verbunden hat und die Nähe, die mir entzogen wurde, die sich aber nicht so einfach wegzaubern lässt. Aber ich leide nicht. Stattdessen sehe ich alles das, was sich mir jeden Tag immer wieder bietet. Ich nutze meine neu gewonnene Freiheit dafür, all das zu tun, was ich schon immer einmal machen wollte und all das zu lassen, auf das ich im Grunde noch nie Lust hatte. Zu dieser Freiheit gehört es, dieses Buch zu schreiben, ohne Angst davor zu haben, was irgendjemand darüber denken könnte, dass ich meine Trauer und meine Erfahrungen so offen teile.

Deshalb ist »Weiblich, Ü40, Verlassen« ein Mutmachbuch, ein Tippgeber und ein Möglichkeitenaufzeiger. Also kein klassischer Ratgeber. Das Buch orientiert sich ausschließlich an meinen persönlichen Erfahrungen und meinem Wissen. Und es ist auf keinen Fall ein Männer-Basher. Ich finde Männer einfach großartig – zumindest ganz viele von ihnen. Auch mein Ex-Partner wird hier mit keinem bösen Wort oder Gedanken beworfen – im Gegenteil. Ich weiß jeden Tag unserer gemeinsamen Zeit sehr zu schätzen. Er ist mein ganz persönlicher »Mr. Big«, der mich so oft verärgert und genervt hat, der mich aber auch seine Liebe so sehr hat fühlen lassen wie noch keiner vor ihm. Von hieran nenne ich ihn konsequent Mr. C. Dass ich seine Liebe erfahren durfte, dass er meine Liebe für fast ein Jahrzehnt angenommen hat und für all das, was wir gemeinsam geschafft haben, bin ich dankbar. Er hat einen großen Teil dazu beigetragen, dass ich die Mona von heute bin. Auf die bin ich jeden Tag stolz, ich bin jeden Tag begeistert von ihr und hin und wieder auch ziemlich genervt. Aber das Wichtigste für mich: Während ich dieses Buch geschrieben habe, musste ich ständig über mich selbst lachen. Und dieses Lachen hat mich durch viele Erinnerungen manövriert, die mich zunächst schwermütig sein ließen. Lachen tut so gut – egal wie verfahren eine Situation auch sein mag. Es hilft immer – ebenso wie das Wissen, dass ich mich und meine Gedanken nicht immer ernst nehmen darf oder sollte. Und es ist einfach großartig, jeden neuen Tag mit Humor zu nehmen. Ich hoffe du siehst das auch so und du lachst mit mir.

Von Herzen

Deine Mona

Übrigens, ich spreche in diesem Buch, wenn ich von Partnern spreche, nur von Männern. Das heißt nicht, dass all das nicht auch für Frauen gilt, die von Frauen verlassen wurden. Da ich das Buch aus meiner Geschichte entwickelt habe und von meinen Erfahrungen und Erlebnissen berichte, geht es dabei aber nur um Männer. Deshalb nutze ich ausschließlich die männliche Form.

Teil Eins

Hilfe, ich will mein Leben zurück

Um mich herum passierte es immer und immer wieder. Regelmäßig meldete sich in den letzten Jahren eine Freundin bei mir mit denselben oder zumindest ähnlichen Worten: Er hat mich verlassen. Jedes Mal stellte sich bei mir die gleiche Reaktion ein. Ich war geschockt und fragte mich, wie das so plötzlich passieren konnte. In den meisten Fällen war, zumindest oberflächlich betrachtet, alles in Ordnung. Wenn man jedoch unter die Oberfläche drang, gab es Anzeichen, die einen oder anderen Schwierigkeiten und Streitereien. Und trotzdem gab es aus meiner Sicht nie einen wirklichen Grund. Jedes Mal, wenn ich diese Gespräche geführt hatte, blickte ich abends dankbar auf die rechte Seite meines Bettes und dachte: Ich bin so froh, dass ich dich habe und dass du anders bist.

Im Grunde war mein Leben perfekt – mehr oder weniger. Seit über 14 Jahren lebte ich in derselben Wohnung in Hamburg, der Stadt, in der ich immer wohnen wollte. Ich hatte tolle Freunde und eine Familie, auf die ich mich immer verlassen konnte. Mein Job als Autorin lief so gut wie noch nie und ich konnte mir alles leisten, was ich zum Leben brauchte, ohne ständig rechnen oder über kleine oder mittelgroße Ausgaben nachdenken zu müssen. Dann gab es da noch meine eigene kleine Familie: Vierbeiner Victor, mein perfekter Hund. Ein Husky mit eigenem Kopf aber auch mit einem Zugehörigkeitsgefühl, das kein Hase oder Reh der Welt für länger als ein paar Minuten von mir ablenken konnte. Er verspürte einen Bewegungsdrang, der meinem entsprach und eine Freiheitsliebe, die ich mit ihm teilte. Und dann war da noch Mr. C., mein wunderbarer Mann – oft etwas grummelig, aber stets loyal bis ins Mark. Wir teilten die Leidenschaft für Hot-Yoga, die Liebe zur Sonne und zum Reisen. Wir vertrauten uns gegenseitig und wir konnten beide tun und lassen, was wir wollten – ohne Zweifel daran, dass wir zusammengehörten – jedenfalls aus meiner Perspektive. Ich mach's kurz: Ich liebte mein Leben genauso, wie es war.

Der erste Schlag

Dann starb mein geliebter Hund Victor. Dank Corona – ich versuche hier dem Ganzen etwas Positives abzugewinnen – waren wir monatelang jeden Tag von morgens bis abends zusammen. Wir unternahmen trotz seiner Arthritis und seines hohen Alters immer noch schöne Gassirunden an der Elbe, weil er Spaß daran hatte. Irgendwann wurde er dann immer müder. Das einst stolze Tier kam nicht mehr richtig auf die Beine, knickte immer öfter mit den Hinterläufen weg und wollte nur noch im Garten schlafen. Ich musste den Tatsachen ins Auge sehen: Er würde nicht mehr lange bei mir sein. Dass es dann so schnell ging, hätte ich nie für möglich gehalten.

Mr. C. und ich sind auf einer Veranstaltung in Braunschweig gewesen und haben Victor, wie immer, wenn wir beide weg waren, bei unserem Freund Olaf untergebracht. Die beiden waren ein Herz und eine Seele. Der arme Olaf wollte ihn morgens in den Garten lassen. Da lag Victor bereits tot in seiner Küche. Der Stinker hatte sich einfach vom Acker gemacht und dafür die erste Gelegenheit genutzt, zu der wir beide nicht zuhause waren. Ich gebe es zu, ich habe Victor jeden Tag erzählt, dass er 100 Jahre alt werden würde. Vielleicht hat er das nicht verstanden. Aber er hat sicher gespürt, dass ich ihn nicht loslassen wollte. Ich fühlte mich unendlich schuldig, dass ich an diesem

Morgen nicht bei ihm war. Ich machte mir Vorwürfe, dass ich ihn mit den letzten Spaziergängen überfordert hatte, dass ich noch einmal mehr zum Tierarzt oder Heilpraktiker hätte gehen sollen und und und. Warum erzähle ich das? Weil es viel über die Art aussagt, wie ich an Beziehungen herangehe. Und weil damit das Ende anfing. Victor scheint der Kleber gewesen zu sein, der Mr. C. und mich zusammenhielt. Danach wurde es schwierig. Ich wollte sofort wieder einen Hund, weil ich es ohne Victor kaum ausgehalten habe – Mr. C. wollte auf keinen Fall einen neuen. Ich wollte im Ausland arbeiten und unterwegs sein, Mr. C. dachte über die Kosten nach. Ich wollte mehr gemeinsam erleben, er zog sich immer weiter zurück, verbrachte Tage und Nächte im Büro und war zunehmend genervt von mir. Ich verstand es nicht und er redete nicht, egal wie sehr ich auch drängte. Sollten wir nicht jetzt in dieser schwierigen Zeit noch mehr zusammenhalten als zuvor?

Zu der Zeit, in der Corona in Deutschland ein echtes Problem war, hockten wir zu viel aufeinander und erlebten zu wenig, um uns davon zu erzählen. Immer mehr drehten sich unsere Gespräche nur noch um den Job und wahrscheinlich haben wir uns beide ziemlich gelangweilt. Ich lernte es auf die harte Tour: Tagelanges gemeinsames Netflixen bringt keine Erfüllung. Trotzdem hatte ich nicht eine Sekunde daran gezweifelt, dass wir zusammengehörten. Dann plötzlich und völlig unerwartet fiel mitten in einem Gespräch, in dem ich mich einmal mehr über seinen Abstand und die mangelnde Liebenswürdigkeit und Nähe beschwerte, der Satz: »Dann beenden wir das jetzt.« Es traf mich wie ein Schlag in die Magengrube. Ich dachte, der macht einen schlechten Witz. Das kann er nicht wirklich meinen. Aber Mr. C. packte seine Koffer und ging.

Der Tag danach

Machen wir uns keine Illusionen: Verlassen zu werden ist immer Mist. Aber mit Ü40 aus heiterem Himmel verlassen zu werden, kommt einem Erdrutsch gleich, mit dem das persönliche Lebensgebäude in die Tiefe gerissen wird. In der Regel gibt es Verbindungen, die wir in den Zwanzigern nicht hatten: Gemeinsames Haus, gemeinsame Kinder, gemeinsame Konten. Bei uns war es vor allem die gemeinsame Firma und ein gemeinsames Leben, das, aus meiner Sicht, für die Ewigkeit halten sollte. Urplötzlich fing es also an, mein Jahr danach.

Den ersten Tag verbrachte ich noch in dem Glauben, dass er abends einfach zurückkommt. Ich war sicher, gleich würde er die Tür aufschließen und sagen: »Es tut mir leid, das war dumm und ich möchte bitte nach Hause.« Doch er kam nicht. Dafür kam meine Freundin Nadine unerwartet vorbei. Manchmal wissen Freunde viel mehr als man selbst, was man braucht: Erst einmal reden, heulen, toben, aber auch lachen und verstehen. Nachdem sie wieder weg war, bereitete ich mich noch in einer Nacht-und-Nebel-Aktion auf die Yogalehrerinnen-Prüfung vor, die am nächsten Morgen anstand. Mir ist bis heute nicht klar, wie ich da durchgekommen bin. Vielleicht war ich wirklich gut genug vorbereitet, vielleicht hatte ich einfach nur Glück. Schließlich konnte ich keine 36 Stunden nach der Trennung ein erstes Erfolgserlebnis auf meinem Selbstbewusstseinskonto verbuchen. Das tat unglaublich gut.

Die Woche danach

Trotzdem schlief ich die ersten Nächte ganz grauenhaft – allein in »unserem« Bett. Die meiste Zeit verbrachte ich damit, von einer Ecke des Zimmers in die nächste zu starren. Nach über einem halben Jahr hatte ich es noch immer nicht geschafft, Victors Schlafkissen wegzupacken. Mit Mr. C. wollte ich es anders machen. Also räumte ich sehr schnell sein Bettzeug zur Seite, nahm seine Bilder von der Wand und verbannte alles, was mich an ihn erinnerte, in Kisten und Schränke. Das half – zumindest ein bisschen. Trotzdem fühlte sich mein Leben surreal an. Ich ging irgendwie blind durch die Tage und verstand die Welt nicht mehr. Wie hatte es nur so weit kommen können? Ich fand einfach keine Erklärung. Ich funktionierte. Irgendwie erledigte ich alles, was zu tun war und irgendwie schaffte ich es auch, meine Arbeit gut zu machen – sie lenkte mich ab.

Der Monat danach

Es war wieder Nadine, die mich nach etwas über einer Woche einsammelte. Sie beschloss kurzerhand: Wir fahren weg. Wir entschieden uns für Schottland. Das war das Beste, was ich tun konnte. Raus aus dem Alltag. Meinen Job kann ich ja zum Glück von überall aus erledigen. Also schrieb ich in Edinburghs Cafészene. Ich schaffte es in den zehn Tagen, die wir dort verbrachten, ein Ghostwriting-Projekt abzuschließen und ein weiteres Buchprojekt voranzutreiben und trotzdem noch jede Menge von der Stadt und der Umgebung zu erleben. Wahrscheinlich gelang mir das nur, weil ich zuhause raus war. Weil ich Neues entdecken konnte und weil ich die beste Freundin der Welt habe, die mich mit aller Macht ablenkte, mit mir neue Projekte und Ideen besprach und sich abends im Bett mit mir über die Größe unserer Airbnb-Wohnung stritt. In der Zwischenzeit trudelten die ersten Nachrichten von zuhause ein. Die Neuigkeit der Trennung hatte die Runde gemacht. Per Sprachnachrichten kamen Sprüche wie »Andere Mütter haben auch schöne Söhne«. Ja, ich weiß. Aber mal ehrlich, das Allerletzte, was ich jetzt wollte, war ein neuer Mann. Ich wusste schon zehn Minuten nach der Trennung nicht einmal mehr, ob ich Mr. C. wiederhaben wollte, so wütend wie ich war. Also prallten auch Sätze wie »Der kommt schon wieder« völlig an mir ab. Ich war zwar wahnsinnig traurig, aber ich kam auch nicht umhin mich zu fragen, ob seine Entscheidung nicht sogar gut für mich gewesen ist.

Besonders liebte ich den Kommentar einer Bekannten: »Ihr habt sowieso nicht zusammengepasst!« What the fuck? Erstens, weshalb hat mir das vorher keiner gesagt? In der Regel wurden mir eher Sätze wie »Ihr seid so süß zusammen« oder »Ich bin so neidisch auf das, was ihr habt« serviert. Hinterher hilft das erfahrungsgemäß nicht – also mir hat es jedenfalls nicht geholfen. Noch nie. Und dieses Mal, nach fast einem Jahrzehnt Power-Couple-Feeling, schon gar nicht. Aber ich wusste: Ich möchte nicht mehr leiden als unbedingt nötig und ich werde mich ab sofort nur noch um mich und mein Wohlbefinden kümmern.

Das erste Treffen danach

Den ersten Monat hatte ich gut gemeistert. Als wir uns dann nach vier Wochen zum ersten Mal wieder trafen, konnte ich es nicht glauben. Vor mir saß ein völlig entspannter, braungebrannter Mann, der zehn Jahre jünger wirkte und mit sich und der Welt völlig im Reinen war. Bei mir war da immer noch ganz viel Liebe und ich wusste plötzlich nicht mehr, wo ich damit hinsollte. Sie lief einfach ins Leere – ich fühlte mich ungewollt und gedemütigt. Mein ganzes Selbstbewusstsein, die Erlebnisse, die ich gesammelt hatte, alles ging innerhalb von Minuten den Bach runter. Und ich brauchte mehrere Tage, um mich wieder zu sammeln und mich jeden Tag neu zu entscheiden: Ich will nicht leiden. In diesem Moment war ich überzeugt: Trotz aller guten Vorsätze, aller Ablenkung und all der tollen Sachen, die ich bis dahin erlebt hatte: Ich will mein Leben zurück – um jeden Preis. Ungefähr 24 Stunden lang hätte ich wirklich alles getan, wenn es mir nur Mr. C. wieder zurückgebracht hätte.

Ich bin doch nicht krank?!

Jetzt wird's psychologisch – tut mir leid, wenn das ein bisschen trockener Stoff ist. Aber du solltest unbedingt wissen, dass Liebeskummer eine Krankheit ist und deine Trauer auch als solche annehmen. Es hilft niemandem, wenn du dir on top auch noch Sorgen machst, ob du dich irgendwie unangemessen verhältst, weil du leidest. Das hat nichts Kindisches, Albernes oder Irres an sich. Trauer gehört zu jeder Trennung. Mir hat es wahnsinnig geholfen zu wissen, dass es keinen Weg gibt, völlig ohne Schmerzen aus der Nummer rauszukommen. Als Heilpraktikerin für Psychotherapie (siehe auch Bucketlist Punkt 7) hatte ich diesen wissenschaftlichen Aspekt auf dem Schirm. Das war und ist gut so. Denn ich konnte zumindest limitiert meinen Kopf einbeziehen und wusste, dass es sich bei einem gebrochenen Herzen um eine reale Krankheit handelt. Trotzdem wollte ich es genauer wissen. Also fing ich an zu recherchieren, wie es sich für eine gute Journalistin gehört.

In einem kleinen Buchladen in Edinburgh fand ich das Buch »How to mend a broken heart: Lessons from the World of Neuroscience« von Ziella Bryars. Ein echter Lebensretter, wie sich herausstellte. Und mit den etwas über 60 Seiten auch leicht wegzusnacken. Zugegeben, da geht's viel um Studien und Forschung. Aber ist es nicht fantastisch zu wissen, dass es völlig normal und sogar wissenschaftlich belegbar ist, dass ich wochenlang fast nichts essen konnte? Ich kam mir so völlig bescheuert vor und wurde ständig auf die Kilos angesprochen, die immer weiter purzelten. Ich wollte mich nie runterhungern, war eh schon schlank – ich konnte nur einfach fast nichts essen. Plötzlich ergab alles einen Sinn. Laut Bryars Neurowissenschaftsfreundin Sarah lag das an der aktivierten HHN-Achse, der Hypothalamus-Hypophysen-Nebennierenrinden-Achse, die unter anderem die Stressreaktionen im Körper und damit auch das Verdauungssystem beeinflusst. Ich sag nur Hormone! Wer mehr wissen will, sollte mal in das Buch reinschauen. Für mich ein echter Augenöffner. Und es bestätigte mich in der Meinung: Ich leide an einer Krankheit, aber es gibt auch Heilung, ich muss mich nur darum kümmern. Ein Teil meiner Heilung ist dieses Buch. Aber jeder findet andere Wege. Du musst nur für dich herausfinden, welcher deiner ist. Was wir alle gemeinsam haben: Wir müssen auf diesem Weg trauern.

Die vier Phasen der Trennungs-Trauer

Wir können es drehen und wenden, wie wir wollen – ich wüsste nicht, wie man die Trennungs-Trauer umgehen könnte. Ich glaube auch nicht, dass das gut wäre. Verdrängen löst bekanntlich keine Probleme. Sieh der Realität also ins Auge: Unabhängig davon, wie abgeklärt du bist oder wie gut du mit Trennungen umgehen kannst. Es gibt mindestens vier Phasen der Trauer, die du automatisch durchläufst. Andere sprechen sogar von sieben Phasen. Ich möchte hier die, meiner Ansicht nach, wichtigen kurz erläutern, weil ich finde, dass du sie kennen und deinen Umgang damit und dein Bewusstsein dafür steuern solltest. Für mich war das pure Wissen um diese Phasen eine große Erleichterung und ich hoffe, für dich ist es das auch. Zeitangaben zu den einzelnen Phasen kann ich dir hier leider keine mitgeben. Wie lange du jeweils drinsteckst, liegt an dir und daran, wie du die Trennung verarbeitest.

1. Die Schock-Phase: Das darf doch nicht wahr sein?!

Ich weiß nicht, wie es dir ging, aber ich dachte wirklich: »Das kann er niemals ernst meinen.« Wir waren doch perfekt! Oder etwa nicht? In dieser Phase ist es normal, dass du die Trennung nicht wahrhaben willst. Du stehst buchstäblich unter Schock. Ich finde es immer wieder bemerkenswert, wie gut wir darin sind, die Realität zu verdrängen. Danke Selbstschutz! Diese Schock-Phase liefert dir genau dafür eine Erläuterung. Wir brauchen die Hoffnung, dass doch noch was geht, dass das letzte Wort noch nicht gesprochen ist, dass er uns braucht, um überhaupt klarzukommen. Wir verhalten uns in dieser Phase wie Junkies, denen man den nächsten Schuss vorenthält. Du findest das extrem? Ich auch. Aber es ist die Wahrheit. Auch dafür gibt es eine Erklärung: In den gleichen Arealen im Gehirn, in denen unser Liebesfilm läuft, spielt sich auch eine Drogensucht ab. Die Wissenschaft sendet zwar noch ambivalente Signale, was die Details angeht. Fest steht aber, dass typische Nebenwirkungen von Liebeskummer wie Schlafprobleme, Herzrasen oder starke Stimmungshochs und -tiefs auch beim Drogenentzug üblich sind. Eine mögliche Erklärung dafür liefert der Dopaminspiegel. Nach einer Trennung sinkt die Konzentration des Botenstoffs Dopamin, auch ein so genanntes Glückshormon, und damit leidest du – wie ein Junkie – unter »Entzugserscheinungen«.

2. Die Phase der starken ambivalenten Gefühle: Ich hasse ihn, ich liebe ihn!

Ich würde dir jetzt gerne sagen: Ab der zweiten Phase wird es besser – aber so ist es leider nicht. Diese Phase ist geprägt von wirklich heftigen Gefühlen. Heute hasst du ihn und morgen liebst du ihn – oder auch beides gleichzeitig. Du bist wahnsinnig traurig, verzweifelt, hilflos und ohnmächtig. Eine echte Scheißphase ist das. Sie gibt dir aber zumindest die Berechtigung dazu, dich so richtig schön selbst zu bemitleiden und dich in deinem Unglück zu suhlen. Aber bitte nur kurz. Du willst dich ja nicht ewig verschließen, sondern noch was vom Leben haben. Aber wehre dich nicht gegen diese Gefühle. Die müssen raus. Also schreie, heule, lache, schlag auf ein Kissen ein – tu das, was dir guttut. Ich habe es alles getan. Und zum Glück war dadurch diese Phase ratzfatz vorbei. Spätestens jetzt solltest du seine Sachen wegräumen – besser du schwelgst nicht in Erinnerungen und durchstöberst dabei Fotos oder unternimmst Dinge, die ihr sonst immer nur gemeinsam gemacht habt. Das hilft nicht wirklich. Wenn du wie ich mit dem Ex-Partner zusammengewohnt hast, lass ihn schnell sein Zeug holen. Das muss nicht mehr bei dir in der Bude stehen und dich ständig daran erinnern, dass du neulich noch zu zweit hier gelebt hast. Mach es dir lieber schön und lenk dich auch nicht ständig mit ausgehen und Ähnlichem ab. Klar kannst du mit flirten und unbedeutenden »Affären« dein Ego wieder ein bisschen aufbauen – das ist auf jeden Fall gut. Besser ist es aber, wenn du dich auch ans Alleinsein gewöhnst. Das bringt nämlich auch jede Menge Vorteile mit sich. Keiner isst mehr Chips im Bett neben dir, während du schlafen willst. Niemand blockiert stundenlang das Bad, wenn du eigentlich duschen möchtest. Niemand stellt das dreckige Geschirr auf die Spülmaschine, anstatt hinein, und keiner schnarcht so laut, dass du ständig davon aufwachst.

3. Die Phase der Reflexion und der Neuorientierung: Warum ist das passiert und was mache ich jetzt daraus?

In dieser Phase ist das Schlimmste endlich vorbei. Zeit zu feiern, dass du es überstanden hast. Ab jetzt macht das Leben wieder richtig Spaß, du lebst im Moment und schaust nach vorne, statt zurück. Jetzt befindest du dich in der Phase, in der du deinem Ex-Partner ehrlich verzeihen und in der du dich gut selbst reflektieren kannst. Das halte ich für essenziell – beides. Verzeihen heißt immer auch loslassen und das ist so wichtig, damit du neu anfangen kannst. Mir hat übrigens sehr geholfen, mich bei Mr. C. zu entschuldigen. Er hatte mir, kurz nachdem Schluss war, gesagt, dass ich ihn vor einiger Zeit sehr verletzt hätte. Da er sich nicht mehr daran erinnern konnte, was da genau passiert war oder was ich gesagt hatte, nahm ich das zunächst nicht so ernst. Ich weiß bis heute nicht, worum es ging. Brauche ich aber auch nicht. Ich habe mich von ganzem Herzen bei ihm entschuldigt. Klar hätte ich es gerne in dem Moment gewusst, in dem es passiert ist. Hinterher lamentieren bringt mich aber nicht weiter. Es spielt heute für mich auch keine Rolle mehr, was ich gesagt oder getan hatte. Mir ist aber wichtig, dass ich es loslassen konnte. Und das hat mit der Entschuldigung prima geklappt.

4. Die Phase des Neubeginns: Ich hab's geschafft!

Es kann Tage, Wochen, Monate und im schlimmsten Fall sogar Jahre dauern, bis du diese Phase erreichst. Ich wünsche dir, dass es, wie bei mir, schnell geht. Jetzt bist du tatsächlich so weit, dass du wieder eine Beziehung eingehen kannst, die eine echte Chance hat. Wenn du das überhaupt willst. Wenn nicht, ist das auch ok. Auf jeden Fall denkst du nicht mehr oder nur noch wirklich selten an das zurück, was war. Du fühlst dich in deiner Haut wieder wohl und genießt das Leben in vollen Zügen. Du kannst stolz auf dich sein. Der Rest des Lebens wird super. Go Lady!

Zwischen den Phasen pendeln:

Ich glaube, dass diese Phasen bei jeder Trennung eine Rolle spielen – mit durchlässigen Grenzen. Es kommt schon mal vor, dass du zum Beispiel zwischen Phase zwei und drei pendelst. Hast du deinen Ex zum Beispiel über eine lange Zeit hinweg nicht gesehen, dich nicht mit seinen Social-Media-Profilen befasst und auch keine Freunde nach ihm ausgefragt, kann es ein ganz schöner Schock sein, wenn ihr euch zufällig über den Weg lauft. Plötzlich kommen wieder Gefühle hoch, von denen du dachtest, dass du mit ihnen durch bist. Lass dich davon nicht irritieren. Auch diese Zeit und diese Gefühle werden vorübergehen.

Wenn du das Gefühl hast, du kommst aus deiner Trauerspirale nicht mehr raus und befürchtest, dass du zum Beispiel in eine Depression rutschst, dann such dir bitte Hilfe. Psychotherapeuten haben inzwischen leider oft sehr lange Wartelisten und damit können schnell einmal sechs Monate vergehen, bis du einen Profi zum Sprechen hast, dessen Kosten die Krankenkasse übernimmt. Schneller geht es oft bei Coaches oder Heilpraktikern für Psychotherapie. Dort musst du aber für die Honorare in der Regel selbst aufkommen.

Für die Suche nach dem richtigen Therapeuten kannst du zum Beispiel deine Krankenkasse ansprechen. Die kann dir eine Liste mit kassenärztlich zugelassenen Therapeuten geben. Ansonsten wirst du auch auf Portalen wie Jameda fündig. Da hast du dann auch gleich Bewertungen mit dabei. Eine Therapeuten-Datenbank findest du ebenfalls unter theralupa.de (für Heilpraktiker) und therapie.de (Psychologen, Psychotherapeuten und Heilpraktiker). Oder du rufst die Telefonseelsorge (https://www.telefonseelsorge.de/, 0800.1110111, 0800.1110222) an.

Dein Notfallplan

Wie gesagt, an den Trauer-Phasen kommt keiner vorbei. Aber es gibt Mittel und Wege sich die Trauerzeit angenehm zu gestalten. Dieser Notfallplan fängt mit einer kleinen Liste von Not-to-dos an, weil viele Frauen sich genau diesen ganzen Mist reinziehen. Das Ergebnis: Das eh schon angeknackste Selbstbewusstsein sinkt weiter in den Keller. Wenn das bei dir anders ist, großartig! Du kannst diesen Teil überspringen.

1. Not-to-dos – Lass Folgendes lieber bleiben:

a) Den Grund bei dir suchen:

Ich kenne nur eine Frau, ich schwöre, nur diese eine, die verlassen wurde, und nicht innerhalb der ersten Wochen die Schuld vor allem bei sich gesucht hat. Alle anderen, inklusive mir, stellten sich irgendwann die Frage: »Was hätte ich anders machen können, damit er geblieben wäre?« Und dann grübeln wir und überlegen, zermartern uns das Gehirn, diskutieren mit Freunden oder Freundinnen und lesen Beziehungsratgeber. Habe ich was vergessen? Bestimmt. Spielt aber keine Rolle. Viel wichtiger ist zu wissen: Es ist nicht deine Schuld – egal, was du dir selbst einredest oder was man dich glauben machen möchte. Ich bin davon überzeugt, dass zwar zwei dazu gehören, eine Beziehung zu führen, aber es nur einen oder eine dazu braucht, sie zu beenden. Falls du dir aber eine Frage stellen möchtest, dann frag dich doch, ob es überhaupt einen Schuldigen braucht.

Wenn ich dir rate, den Grund nicht bei dir zu suchen, meine ich nicht, dass du nicht auch reflektieren solltest, was hätte besser laufen können. Das tust du für dich und um etwas aus dem Scheitern zu lernen. Es bringt aber überhaupt nichts, dich zu fragen: Was hätte ich bloß anders machen können? In der Regel gibt es darauf nur eine Antwort: Nichts. Du hättest absolut nichts tun können, um ihn dauerhaft zum Bleiben zu bewegen, wenn er gehen möchte. Zu einer Beziehung gehören zwei Menschen, die sich immer wieder neu für die Partnerschaft entscheiden müssen. Eine Trennung lässt sich vollziehen, wenn einer allein diese Entscheidung getroffen hat. Entgegen der Annahme, dass ein Partner den anderen vertreibt, liegen die Gründe häufig jedoch nur bei demjenigen, der sich trennt. Ausnahmen bestätigen hier die Regel.

b) Analysieren und spekulieren

Ich glaube, ich habe mir das Leben häufig viel schwerer gemacht als notwendig. Ich habe eine Menge Stunden darauf verschwendet, Sätze auseinanderzunehmen und Gesagtes zu analysieren, anstatt einfach nachzufragen, wenn ich etwas nicht verstanden habe. Und wenn ich nachfragte, habe ich selbst eine direkte Antwort darauf noch hinterfragt und abgewogen, wie ernst ich diese Antwort nehmen sollte. Das war unglaublich anstrengend. Ich habe so viel Energie darauf verwendet, nicht zu glauben. Mein Learning daraus: Er meint es genauso, wie er es sagt. Wenn es aus ist, ist es aus. Und wenn er es nicht so meint, dann kommt er so oder so zurück, egal, was du tust und worüber du spekulierst. Ich halte es inzwischen viel mehr für einen Ausdruck von Respekt, das, was jemand zu mir sagt, genauso zu hören und anzunehmen. Alles andere bleibt reine Spekulation. Selbst wenn du dir einen Therapeuten oder eine Therapeutin suchst und sie fragst, wie du etwas interpretieren sollst, kriegst du wahrscheinlich von jedem oder jeder eine andere Antwort. Ehrlich gesagt, alle Menschen in psychotherapeutischen Berufen, die ich kenne, beantworten dir diese Frage eher gar nicht, sondern fokussieren sich darauf, wie du damit umgehst. Sie sind schließlich keine Hellseher.

Warum ich glaube, was man mir sagt

Ich bin ein durch und durch ehrlicher Mensch. Einige würden sagen, ich sei zu ehrlich – sogar auf Instagram. Aber das gibt es für mich nicht. Ich will nicht mehrere Versionen von mir sein müssen. Und ich finde, das sollte niemand. Deshalb gehe ich immer davon aus, dass andere mich ebenfalls nicht belügen. Besonders in Partnerschaften sollte das doch eine Grundvoraussetzung sein, findest du nicht? Ohne Vertrauen wird es schwierig, eine Partnerschaft überhaupt zu leben und zu genießen. Wenn du also spekulierst und analysierst, was man dir sagt, anstatt zu glauben oder nachzufragen, ist die Wahrscheinlichkeit hoch, dass du falsch liegst. Die Chance ist groß, dass du nicht alle Fakten kennst, und deshalb mit deinen Interpretationsversuchen kolossal danebengreifst.

c) Einsamkeit und Alleinsein verwechseln

Du kannst dich unter Tausenden auf den Straßen einer Großstadt einsamer fühlen als allein zuhause in einer 30-Quadratmeter-Wohnung. Dasselbe gilt für Beziehungen und Freundschaften und das Sein mit dir selbst. In der Retrospektive habe ich mich in meiner Beziehung oft einsamer gefühlt als jetzt danach. Das liegt nicht daran, dass Mr. C. so wenig mit mir gesprochen hat. Ich wünschte, er hätte mir mehr über seine Wünsche erzählt. Hat er aber nicht. Und das ist und war ganz allein seine Entscheidung. Ob's mir gefiel oder nicht, ich musste es akzeptieren. Und das tat ich. Aber ich reagierte, indem ich versucht habe, mich um ihn herum zu drapieren. Dabei blieben ich selbst und meine Wünsche völlig auf der Strecke. Mein

Fehler. Ich gelobe Besserung. Nicht weil andere das von mir erwarten, sondern weil ich im Nachgang merkte, wie unglücklich ich mich selbst gemacht und wie einsam ich mich deshalb innerlich gefühlt habe.

Einsamkeit oder Alleinsein? Alles eine Frage der Perspektive und der Selbstliebe. Aber dazu später mehr. Nur so viel: Momente der Einsamkeit zu meistern, ohne depressiv zu werden, ist schwerer als es aussieht, aber auch heilsamer als wir glauben. Ich rate dir: Bleib stets in der Aktion, egal, was du tust. Lass das Leben nicht einfach geschehen, sondern gestalte es nach deinen Wünschen und erst einmal nur nach deinen Wünschen.

John Lennon sang in »Beautiful Boy«:

»Leben ist das, was passiert, während du beschäftigt bist, andere Pläne zu schmieden.«

Ich liebe diesen Satz und kann ihn nicht oft genug unterstreichen. Du kannst dich also vom Leben beuteln lassen und dich als Opfer fühlen. Und das ist ok. Oder du kannst jede Sekunde davon annehmen und so gestalten, wie du möchtest. Ich bin überzeugt, solange du niemandem mit Absicht schadest, unterstützen aktive und bewusste Entscheidungen deinen Heilungsprozess. Sie helfen dabei, ein echtes Selbst-Bewusstsein zu entwickeln und sie helfen dir dabei, das Alleinsein zu genießen und dich mit dir selbst nicht einsam zu fühlen. Mit dem Gefühl der Einsamkeit klarzukommen, kann wirklich schwer sein.

Ich habe mich nach der Trennung oft gefühlt, als hätte man mir ein Körperteil amputiert. Vielleicht kennst du das auch. Aber das hat glücklicherweise nicht angehalten. Als Single zu leben, bedeutet nicht automatisch sich in Isolation oder Krisen-Quarantäne zu befinden. Es bedeutet nur, dass ein neuer Lebensabschnitt beginnt. Kein Grund diesem Neuanfang schon gleich zu Beginn ein negatives Label zu verpassen oder dir Glaubenssätze einzutrichtern wie: »Jetzt bin ich nur noch halb so viel wert wie vorher.« Wie wäre es stattdessen mit: »Ich rock das auch alleine!«

Zaunpfahl: Netflix mag dir zwar kurz über die Einsamkeit hinweghelfen, aber keine Romcom der Welt und auch keine Zombie-Serie unterstützt dich bei deiner Heilung. Sie lenkt dich nur ab. Manchmal ist das gut, langfristig wirken Serienmarathons oder Film-Exzesse aber eher kontraproduktiv. Sie reißen dich zwar aus deiner Realität heraus, die dir vielleicht im Moment nicht gefällt, katapultieren dich aber auch schnell wieder dahin zurück, wenn du sie abschaltest.

D) Viel Geld für vermeintliche »Ex-zurück-Coaches« ausgeben

Bei meiner Recherche zu diesem Buch bin ich auf viele How-to-Hohl-Deinen-Ex-Zurück-Coaches gestoßen, die dir für viel Geld Strategien und Verhaltensweisen beibringen, um deinen Ex zurückzugewinnen. Ich habe mir zahlreiche »Freebies«, also Gratis-Downloads gegen E-Mail-Adresse, heruntergeladen und mich durch die Texte gewühlt. Außerdem bekomme ich seither täglich Newsletter über Newsletter und wundere mich, mit welcher Dreistigkeit diese Menschen anderen das Geld aus der Tasche ziehen. Versteh mich nicht falsch. Ich finde es generell gut, dass wir versuchen, uns in andere hineinzuversetzen. Aber es gibt einfach nicht »den Mann« oder »die Frau«. Wir sind alle individuell, selbst wenn wir bestimmten anerzogenen Mustern und gesellschaftlichen Prägungen folgen. Es kann auch gut sein, dass unser Charakter vom Sternzeichen, Aszendenten und und und geprägt wurde. Ich möchte nichts ausschließen. Alles ist möglich. Doch egal, wie viele verschiedene »Ratgeber« ich mir angeschaut habe, alle Ideen, Strategien und Tipps haben eins gemeinsam: Du konzentrierst dich dabei nicht auf dich, sondern auf deinen Ex-Partner. Du investierst also deine Kraft, deine Liebe, deine Aktivität und dein Geld in denjenigen, der dich gerade sitzengelassen hat. Warum solltest du das tun? Damit sagst du ja: Ich bin ohne den anderen nichts oder nicht genug. Mir fällt dazu immer einer meiner Lieblingssongs ein »Multiple Love« von dem britischen Duo »Paper Aeroplanes«. Die wunderbare Sarah Howells singt darin:

»I am happy alone, and I don't need
another half when I am whole.«

Das ist so ein essenzieller Satz:
Ich bin allein glücklich und ich brauche
keine andere Hälfte, wenn ich vollständig bin.

Nach dieser Vollständigkeit streben wir. Aber wir können sie, davon bin ich überzeugt, nicht durch andere Menschen erreichen, sondern durch Selbstliebe. Wenn wir in einer Beziehung nur gegenseitige Bedürfnisse stillen, dann bleiben wir selbst dabei auf der Strecke. Ich glaube durchaus, dass es Strategien gibt, die wirklich funktionieren, um deinen Ex-Partner zurückzugewinnen. Aber frag dich, bevor du so etwas versuchst, bitte unbedingt: Bin ich das überhaupt und wenn nicht, wie lange halte ich das dann durch? Alles, was ich in den zahlreichen Newslettern gelesen habe und immer noch lese, basiert darauf, dass du strategisch vorgehst, bestimmte Reaktionen zeigst. Der Burner war für mich dieser Absatz:

»Ja, Mona, Du kannst Dich echt freuen, was da sich da in den nächsten Monaten in Deinem – also unserem – Leben alles verändern wird. **Du kannst das jetzt allerdings auch ganz doll verkacken**💩… und dann gibt es mich und somit Deine Zukunft in einer liebevollen Beziehung und mit einem genialen Leben auf einen Schlag nicht mehr😱«

Es ging darum, dass man ein kostenloses Gespräch bei diesem Coach buchen sollte. Ich vermute, dass das von jemandem aus seinem Team durchgeführt wird und eher ein klassisches Upselling-Gespräch wird, aber ich habe es nicht wahrgenommen. Ich habe es »verkackt«. Dieser Coach probierte in seinem Newsletter ein »Gedankenspiel« und gab sich in der Ansprache als Mona 2.0 aus.

Alter!!! Was ist das denn? Ich möchte noch nicht mal auf Emojis und Fehler im Text eingehen. Was mich aber massiv stört: Das sagt doch aus, dass mit der Mona 1.0 irgendwas nicht stimmt. Mit mir ist aber alles in Ordnung, auch wenn mein Partner mich verlassen hat! Und auch mit dir ist alles in Ordnung, liebe Leserin. Lass dir nichts anderes einreden und wirf bitte keinem dieser Coaches Geld in den Rachen. Fahr mit der

Kohle lieber in den Urlaub oder tu dir etwas Gutes – was auch immer das ist.

Ich bin ja gar nicht dagegen, an mir zu arbeiten. Zum Glück gibt es tolle Bücher und vor allem auch großartige Therapeut:innen und Coaches, die mir dabei helfen können, wenn ich das möchte. Ich bin sicher, auch für dich gibt es die. Vielleicht kriegst du dadurch sogar deinen Ex wieder zurück – wenn du das dann überhaupt noch willst.

Aber sich nach einer Trennung genau darauf zu konzentrieren? Darin sehe ich keinen Sinn.

2. To-dos – Das wird dir helfen:

Wenn du verlassen wurdest, hast du bei der Trennung wahrscheinlich eine eher passive Rolle eingenommen. Jetzt solltest du aktiv werden – aber für dich. Versuche nicht, deinen Schmerz und deine Trauer zu verdrängen. Im Gegenteil – wenn du sie nicht verarbeitest, dann machen sie dich auf Dauer krank. Wir sprechen nicht ohne Grund von einem gebrochenen Herzen. Die Schmerzen, die wir dann fühlen sind real und werden manchmal sogar für einen Herzinfarkt gehalten. Schmerzen im Brustbereich können ebenso auftreten wie Atembeschwerden oder sogar das Gefühl, gar nicht mehr atmen zu können. Auch wer weniger dramatische Symptome erfährt, macht oft sprichwörtlich dicht. Wir schränken unseren Blick auf das Leben massiv ein, indem wir alles Mögliche versuchen, um den verlorenen Partner zurückzugewinnen. Oder wir lenken uns ab – unternehmen jede erdenkliche Anstrengung, um nicht an unsere Schmerzen und Trauer denken zu müssen und sie schon gar nicht länger zu spüren. Solange wir Liebeskummer aber nicht verarbeiten, schaden wir uns selbst. Denn wenn die Seele leidet und wir diesen Schmerz einfach übergehen, leidet irgendwann unser Körper. Trauer und Schmerzen suchen sich immer einen Weg nach außen, auch wenn die Auswirkungen oft erst nach einiger Zeit sichtbar werden. Ohne geht es nur selten vonstatten. Für viele bedeutet Liebeskummer, einen Marathon gegen die eigenen Gefühle zu laufen. Und im »Gegen« liegt die Problematik. Wenn es uns nicht gut geht, sollten wir etwas für uns tun. Die Wenigsten denken an sich selbst. Anstatt zu fragen: »Was kann ich tun, um ihn oder sie zurückzubekommen?«, lautet die gesündere Frage: »Was kann ich tun, damit es mir gut geht?«

A) Lachen

Lachen hilft gegen Kummer und auch gegen Ängste. Warum? Weil es zum Beispiel Glückshormone freisetzt. Mir ist klar, dass dir im Moment eher nicht nach Lachen zumute ist. Eigentlich bin ich kein Fan davon, aber hier gilt das Motto: Fake it till you make it. Denn Lachen macht gesund – dafür gibt es sogar wissenschaftliche Beweise.[1] Hast du schon einmal von Norman Cousins gehört? Der Wissenschaftsautor erkrankte schwer an der äußerst schmerzhaften Spondylarthritis[2], von der sich nur sehr wenige je wieder erholen. Cousins schaffte es aufgrund einer selbstverordneten und ausgedachten Lach-Therapie. Er ließ sich vom Krankenhaus in ein schickes Hotelzimmer verlegen und zog sich den ganzen Tag Comedy-Videos rein, anstatt im Krankenbett vor sich hinzuvegetieren. Das Ergebnis: Er wurde wieder gesund!

Heilung durch Lachen – du findest, das klingt absurd? Das habe ich auch gedacht. Ich habe es aber tatsächlich am eigenen Leib erfahren. Während eines Yoga-Teacher-Trainings auf Bali nötigte uns unser indischer Lehrer Deep Kumar immer wieder zum Lachen – ja, ich meine wirklich nötigen! So richtig zum Lachen war den meisten von uns nach wochenlangem Frühaufstehen und körperlichen und psychischen Strapazen nicht wirklich. Aber wir lachten, wir zogen die Mundwinkel hoch und irgendwann lachten wir wirklich über Deep, der sich nach Herzenslust ausschüttete vor Lachen und dabei so lustig aussah, dass wir uns kaum noch halten konnten. Dann lachten wir über diejenigen um uns herum, die so megaalbern dabei aussahen, wie sie krampfhaft versuchten, weiterzulachen und über uns selbst, weil wir wirklich geglaubt hatten, wir könnten dem Lachen widerstehen. Ich glaube, wir brachten es auf zwanzig Minuten am Stück und es war viel schwerer, wieder damit aufzuhören, als anzufangen. Der therapeutische Effekt war verblüffend: Egal wie schlapp oder schlecht wir uns vor der Lachattacke gefühlt hatten, alle Beschwerden waren wie weggeblasen.

Lachen statt heulen

Deshalb versuche gerade dann zu lachen, wenn dir zum Heulen zumute ist. Auch wenn du dich dazu zwingen musst, wirst du bald merken, wieviel positiver gestimmt du sein wirst. Und dabei hat es auch noch jede Menge positiver Effekte auf die Gesundheit:

- Lachen stärkt das Immunsystem
- Lachen schüttet Glückshormone aus
- Lachen hilft gegen Schmerzen

Kurzum: Lachen macht gesund.

Wer sich also regelmäßig zum Lachen zwingt, wird schon bald deutlich mehr zu lachen haben und lässt den ganzen Herzschmerz schneller hinter sich. Nebenbei ist Lachen ganz schön anstrengend. Du wirst also nach dem ein oder anderen Lachanfall auch besser schlafen.

Brauchst du mehr Beweise?
Dann schau dir dieses Video
von Vera Birkenbihl an:

Für alle, die es nicht schaffen, auf Kommando zu lachen und sich blöd dabei vorkommen, so zu tun, als ob: Mund auf und Bleistift quer hineinlegen – so ungefähr auf Höhe der Backenzähne und dann ganz leicht draufbeißen. Dadurch werden die Mundwinkel nach hinten gezogen und dein Steinzeit-Gehirn glaubt, dass du lachst oder zumindest lächelst. Das reicht völlig aus, damit Glückshormone ausgeschüttet werden.

B) Tanzen

Ich liebe es, zu tanzen. Wenn es nach mir ginge, würde ich den lieben langen Tag nichts anderes tun als zu singen und zu tanzen – ok, noch ein bisschen lesen und schreiben und Kaffee oder Matcha trinken. Aber damit wäre ich glücklich. Tanzt du gerne? Ehrliche Antwort, bitte. Ich frage nicht, ob du glaubst, dass du tanzen kannst. Ich will nur wissen, ob du es gerne tust, ganz generell – es muss keiner zuschauen.

Wenn du ehrlich mit »nein« antwortest, dann bringt dir diese Bewegung wahrscheinlich nicht das gewünschte Ergebnis. Wenn du dich bisher aber nur nicht getraut hast, vor anderen zu tanzen, weil du den Rhythmus nicht im Blut spürst oder weil du denkst, das sieht irgendwie doof aus, was ich da mache, dann leg los. Probiere es aus:

Musik an, Augen zu und los geht's – schwing die Hüften, schüttle die Beine und die Arme und was dir sonst noch so alles einfällt. Alles, was Spaß macht, ist erlaubt.

Ich schwöre, es hilft. Du wirst dich besser fühlen. Tanzen ist wie Medizin für Körper und Seele. Es lockert die Muskeln, sorgt dafür, dass neue Nervenbahnen im Gehirn gebildet werden – es wird sogar vermutet, dass damit Demenz vorgebeugt oder sogar aufgehalten werden kann – und, wir bekommen währenddessen unsere Dosis Glückshormone serviert.

Hast du schon einmal eine Antilope gesehen, die von einer Raubkatze gejagt wurde und davongekommen ist? Dieses Tier zittert danach wie Espenlaub. Damit schüttelt es den Stress von sich, baut Stresshormone ab und entspannt sich wieder. Wir würden das eigentlich auch tun, wenn wir unter Strom stehen. Aber wir glauben ja: Das sieht komisch aus, wenn wir uns, einfach so wieder zurechtzittern. Und deshalb haben wir uns diese natürliche Stressreaktion des Körpers abgewöhnt. Das sogenannte neurogene Zittern[3] wird in Traumatherapien verwendet. Um Liebeskummer-Stress abzubauen, reicht es aber aus, wenn wir wild tanzen. Der Effekt ist der gleiche.

Eine Anti-Liebeskummer-Playlist, mit Songs, die dich hoffentlich zum Tanzen animieren, findest du hier:

c) Yoga:

Das Schöne an Yoga: Es geht es um dich – und nur um dich. Auch wenn in der westlichen Welt Yoga fast wie eine Fitness- und Flexibilitätschallenge betrieben wird, besonders bei Instagram, könnte es nicht weiter davon entfernt liegen. Yoga sorgt dafür, dass du dich voll und ganz auf dich konzentrierst und dich kennenlernst. Es spielt keine Rolle, wie du aussiehst, ob und wie lange du schon praktizierst und noch nicht einmal, wie du dich aktuell fühlst. Denn auf der Yogamatte wird nicht bewertet.

Wenn du dich also nach deiner Trennung noch nicht wieder salonfähig fühlst und nicht unter Leute willst, finde den Weg auf die Yogamatte. Das kann allein zu Hause geschehen. Anfängern würde ich jedoch raten, ins Yogastudio zu gehen. Betrachte den Yogaraum als einen geschützten Ort, an dem alles möglich ist und dich niemand verurteilt. Es geht nicht um Wettbewerb, nicht um gut oder schlecht, sondern ausschließlich um dich selbst. Denn Yoga bedeutet, dass wir mit uns selbst ins Reine kommen, unabhängig von anderen. Yoga ist ein Weg und kein Ziel. Beim Yoga kannst du diejenige sein, die du wirklich bist, ohne dabei bewertet zu werden, aber auch ohne zu werten. Ein Zustand, der für Menschen, die unter Liebeskummer leiden, von essenzieller Bedeutung sein kann, weil ihr Selbstbewusstsein in der Regel angekratzt ist.

Deinen Kummer auf der Matte verarbeiten

Auf der Yogamatte kannst du deinen Kummer verarbeiten. Das klappt, weil dein Atem fließt und damit die so wichtige Lebensenergie zirkuliert. Je nachdem, welchen Yogastil du praktizierst, schwitzt du Angst, Frust und Wut einfach aus – zum Beispiel beim Vinyasa oder beim Hot-Yoga – oder du lernst so richtig loszulassen – zum Beispiel beim Yin-Yoga. Wichtig ist dabei, dass der Fokus auf dir und nicht auf einer anderen Person liegt. Wenn eine Beziehung scheitert, gilt eine goldene Regel: Ich liebe dich, aber ich liebe mich mehr. Ich bin überzeugt, dass wir uns selbst immer mehr lieben sollten als jeden anderen. Diese Selbstliebe kommt in Beziehungen und besonders nach Trennungen oft zu kurz. Deshalb plädiere ich für Yoga als Unterstützung bei der Verarbeitung unserer Trauer. Yoga gibt unserem Kummer ein Ventil und stärkt dabei auch gleichzeitig unser Selbstbewusstsein und sorgt für Stabilität. Dann kann auch unser gebrochenes Herz heilen. Denn, wer regelmäßig Yoga praktiziert, bringt Körper, Geist und Seele in Einklang, löst körperliche und seelische Blockaden und kommt zurück in den Flow, den wir brauchen, um gesund und aufmerksam zu leben. So klappt's:

Step 1 – Das Atmen lernen

In jeder Yogapraxis gilt: Die richtige Körperausrichtung in einer Pose ist wichtig, um sich nicht zu verletzen und keine langfristigen Schäden wie Rückenschmerzen davonzutragen. Aber wichtiger, als so auszusehen wie die Yoga-Influencer auf Instagram, ist stets die Atmung ins Zwerchfell. Wenn wir Kummer haben, halten wir oft die Luft an. Ich habe schon häufig Sätze gehört wie: »Als er mich verlassen hat, konnte ich wochenlang nicht mehr richtig atmen.« Nicht oder nur noch flach in den Brustkorb zu atmen, raubt uns Lebensenergie, die wir gerade in Trauerphasen so dringend brauchen. Genauso verhält es sich mit der Yogapraxis. Es kommt nicht darauf an, wie tief du in eine Asana, also die Yogapose, gehen kannst. Nur wenn du richtig atmest, bist du im Flow. Atme stets tief in deinen Bauch beziehungsweise dein Zwerchfell. Ob du das richtig machst, kannst du sogar selbst überprüfen. Beim Einatmen bewegt sich der Bauch nach außen. Das geschieht, weil der Körper Platz für die Organe schafft, die durch die Ausdehnung der Lunge und das Zusammenziehen des Zwerchfells nach unten gedrückt werden. Beim Ausatmen geht der Bauch nach innen, weil sich das Zwerchfell wieder entspannt und nach oben ausdehnt. Dadurch werden die Lungenflügel nach oben zurückgedrängt. Diese Atmung ist das A und O beim Yoga. In mancher Übung mag sie etwas flacher sein als im Normalzustand. Halte aber niemals während der Praxis die Luft an. Denn Atmen bedeutet Leben und je besser wir atmen, desto besser leben wir.

Step 2 – Eine Routine etablieren

Routinen helfen dir dabei, es in deiner schwierigen Lage leichter durch den Alltag zu schaffen. Am besten du suchst dir einen oder zwei feste Tage aus, an denen du ohne Wenn und Aber einen Yogakurs besuchst. Falls du es sogar schaffst, immer gleich morgens nach dem Aufstehen ein paar Sonnengrüße auszuführen, ist das natürlich spitze. Aber lass dir auch diesen Flow von einem Profi beibringen, damit du dich auf keinen Fall dabei verletzt. Im Gegensatz zur allgemeinen Meinung kann man sich beim Yoga sogar schwer verletzen. Du wärst nicht die erste, die ihr Knie schädigt, weil sie bei Vorbeugen das Gelenk überdehnt oder beim Heraufschauenden Hund Schmerzen in der unteren Wirbelsäule bekommt, weil sie aus Kraftmangel oder fehlender Flexibilität in der oberen Wirbelsäule nur durchhängt.

Step 3 – Niemals Shavasana weglassen

Immer wieder erlebe ich in Yogaklassen, dass Praktizierende nach dem Flow nicht einmal fünf Minuten entspannt liegen bleiben. Sie flüchten nach der vermeintlich »sportlichen« Aktivität förmlich aus dem Raum. Dabei liegt in der sogenannten Totenstellung das große Geheimnis der Yogapraxis. Alles, was wir in den vorangegangenen Übungen erreicht haben, entfaltet seine Wirkung im Shavasana. Gönn dir also unbedingt ein paar Minuten völliger Ruhe, lege dich auf den Rücken und lasse alle Anspannung los. Wenn du dabei einschläfst, super! Deine Yogalehrer:innen werden dich schon wecken, wenn sie nach Hause wollen oder den Raum für die nächste Klasse vorbereiten müssen.

Step 4 – Stärke und Ausgeglichenheit wieder aufbauen

Zu einer Yogastunde gehört eine Balance-Serie. Übungen wie Baum, Adler oder Tänzer haben es besonders dann in sich, wenn wir im Leben aus dem Gleichgewicht geraten sind. Dann wird es Zeit, für mehr Erdung und Stabilität zu sorgen. Das gelingt ganz leicht mit dem richtigen Stand in der Berghaltung (Tadasana). Dafür stellst du dich aufrecht hin und nimmst deine Arme neben den Körper. Verbinde dabei unbedingt drei Punkte mit dem Boden: die Mitte der Ferse und die Ballen des kleinen und großen Zehs. Dann ist dein Gewicht gleichmäßig verteilt. Die Krone des Kopfes zieht nach oben und die Schultern in Richtung Boden. Die Knie sind durchgedrückt. Aber Achtung: Um deine Knie nicht zu schädigen, ziehe dabei die Kniescheibe mit dem Oberschenkelmuskel nach oben.

Neigst du zu Hypermobilität, überstreckst du beim Stehen mit geraden Beinen die Knie, beuge diese ganz leicht. Dieses »Mikrobending« schützt vor Verletzungen.

Step 5 – Keine Instagram- oder TikTok-Challenges

Wenn du durch Instagram oder TikTok scrollst, gewinnst du schnell den Eindruck, dass die ganze Welt flexibel ist wie ein Gummiband. Als Yoganeuling solltest du jedoch einen großen Bogen um all diese Challenges machen. Kein schickes Video ist es wert, dass du dich ernsthaft verletzt. Die Asanas, die in diesen Videos immer so locker flockig und großartig aussehen, sind fast ausnahmslos Übungen für Yogaprofis. In der Regel benötigst du viel Kraft und Praxis, um sie gefahrlos ausführen zu können. Besonders so beliebte Übungen wie Kopf- oder Handstand benötigen so viel Power in Armen, Schultern und Rumpf, dass sogar fortgeschrittene Yogapraktizierende ihre liebe Mühe damit haben, diese Asanas gut und sicher auszuführen. Überschätze dich bitte niemals oder lege für ein schönes

Foto, das dich in Topform zeigen soll, falschen Ehrgeiz an den Tag. Was du in den sozialen Medien siehst, ist immer das Ergebnis, eine Momentaufnahme. Was diese Bilder und Videos fast nie zeigen, ist der Weg – die Stunden, Tage, Wochen und Monate, die die Praktizierenden damit zubringen, diese Asanas zu lernen. Einige werden bestimmte Posen schon allein wegen ihres Körperbaus niemals vollständig ausführen können.

Yoga hat es in diesen Notfallkoffer geschafft, weil es dir sofort helfen kann, dich besser zu fühlen. Aber Yoga ist auch ein langer, dankbarer Weg, auf dem du dich immer wieder auf dich selbst im Hier und Jetzt besinnst, Trauer und Kummer hinter dir lassen und neuen Lebensmut tanken kannst. Bikram Choudhury, der sehr streitbare Erfinder einer Sequenz von 26 traditionellen Hatha-Yoga-Übungen, die in einem erhitzten und luftfeuchten Raum durchgeführt werden, hat dazu einen wirklich schlauen Satz gesagt:

»You're never too old, never too bad, never too late and never too sick to start from scratch once again.«

Dieser Satz gilt für Yoga ebenso wie fürs Leben.

d) Meditation

Unter Meditation verstehen viele, einfach nur rumzusitzen und nichts zu tun. Die Vorstellung war für mich früher ein Graus. Bis heute nutze ich häufig jede freie Minute, um noch eben im Taxi eine E-Mail zu beantworten oder ein Telefonat zu führen, während ich die Spülmaschine ausräume. Da bin ich bestimmt nicht die Einzige. Umso wichtiger, dass wir auch Freiräume schaffen und unserem Gehirn eine Pause gönnen.

Eine, wie ich finde, schöne und treffsichere Beschreibung gab mir einer meiner Lehrer in meinem Yoga-Teacher-Training. Er sagte sinngemäß: »Meditieren heißt, zu lernen, Ruhe zu genießen und mit der eigenen Verrücktheit klarzukommen.« Er gab mir den Tipp, mal drei Tage lang nichts zu tun. Hast du schon einmal versucht, drei Tage lang dein Handy auszuschalten, kein TV zu schauen, kein Radio zu hören und mit niemandem zu sprechen? Ich gebe zu, ich habe viele Anläufe gebraucht, um das durchzuhalten. Aber ich habe es geschafft. Es war der helle Wahnsinn! Ich war noch nie im Leben so glücklich, so traurig, so einsam, so zufrieden und so vieles mehr in so kurzer Zeit. Manchmal auch alles gleichzeitig. Ich bin währenddessen durch meine ganz persönliche Hölle gegangen und am Ende hoch erhobenen Hauptes wieder rausgelaufen. Und ich war danach unverhofft so »genug« wie noch nie zuvor.

Das Schöne daran: Du kannst dich in jeder Minute dafür entscheiden, das Experiment abzubrechen. Es ist völlig freiwillig. Vielleicht schaffst du nur einen Tag, vielleicht zwei, vielleicht ist es aber auch leichter, als du gedacht hast und du kannst es sogar genießen. Für mich war das die perfekte Vorübung fürs Meditieren. Bisher hatte ich immer Probleme abzuschalten. Jetzt klappt das süße Nichtstun und Gedankenloslassen völlig entspannt. Ich habe mich dabei auch von scheinbaren Regeln verabschiedet. Den von vielen Yogis praktizierten Lotussitz empfinde ich auch nach 30 Jahren regelmäßiger Yogapraxis als unbequem. Die Anatomie-Lehrerin während meines Yoga-Teacher-Trainings, Rachel Ellery[4], hat uns ein Knie-Foto eines Yogalehrers gezeigt, der seit zwanzig Jahren täglich im Lotussitz meditierte. Nur so viel: Es war kein schönes Bild. Ich möchte auf keinen Fall, dass du dich beim Meditieren verletzt. Also versuche es doch für den Anfang mal damit, dich bequem im Sitzen an ein Kissen zu lehnen. Aber bitte so, dass du nicht gleich innerhalb der ersten Minuten einschläfst. Meditation ist die bewusste Hingabe in die Stille. Einzuschlafen entspannt natürlich auch. Aber darum geht es hier ja gerade nicht.

Meditation ist vielfältig

Es gibt zahlreiche Arten Meditation anzugehen. Ich möchte dir hier zwei Vorschläge mitgeben, die besonders am Anfang sehr gut funktionieren und mit denen du leicht in die Entspannung gleitest.

1. Konzentration auf die Atmung:

Wobei wir wieder bei der Atmung wären. Damit du während der Meditation nicht ständig durch schwere Gedanken vom »Nichtsdenken« abgehalten wirst, kannst du dich auf deine Atmung konzentrieren. Gehen wir mal davon aus, du lehnst gerade an deinem Lieblingskissen, hast die Augen geschlossen und fokussierst dich zum Beispiel auf den Energiepunkt zwischen deinen Brauen. Dieses sogenannte dritte Auge symbolisiert übrigens das Stirnchakra – Ajna – das für Wahrnehmung, Wissen und Licht steht. Das aber nur am Rande. Lass deine Atmung fließen und konzentriere dich aufs Einatmen und auf die Ausatmung. Der Bauch wölbt sich beim Einatmen und geht nach innen, wenn du ausatmest. Verändere dabei dein Atemtempo nicht bewusst, sondern lasse Luft und Energie einfach fließen. Wenn du jetzt anfängst nachzudenken, ist das ganz normal. Stress dich deswegen nicht. Lass alle Gedanken kommen, aber halte sie nicht fest. Sie verschwinden von selbst wieder. Konzentriere dich einfach weiter auf deinen Atem. Und immer dann, wenn dir wieder neue Überlegungen in den Kopf schießen, finde zurück zu deiner Atmung.

Meditieren kannst du so lange, du möchtest. Für den Anfang reichen schon fünf Minuten. Ich empfehle aber um die fünfzehn bis zwanzig Minuten morgens und abends, um zur Ruhe zu kommen. Nach ein paar Tagen merkst du, dass dein Alltag leichter wird und du dich nicht mehr über jede Kleinigkeit aufregst. Und wenn doch, nimm dir ein paar Minuten und meditiere.

Es kann übrigens sein, dass während der Meditation Tränen fließen, ganz leise oder auch ganz laut mit Schluchzen und allem Drum und Dran. Das ist völlig normal und wird dir wahrscheinlich sogar dabei helfen, deine Traurigkeit etwas loszulassen. Tränen sind nichts Schlechtes. Im Gegenteil: Sie sind Stressabbau in Reinform. Sie schwemmen zum Beispiel Hormone aus, die sonst zur Anhebung des Cortisolspiegels im Körper führen würden und dieses Stresshormon wollen wir ja loswerden.

2. Konzentration auf ein Mantra[5]:

Eine andere einfache und wirkungsvolle Weise der Meditation ist die Konzentration auf ein Mantra. Alles läuft so, wie unter Punkt 1 beschrieben. Aber anstatt dich auf die Atmung zu konzentrieren, ist dein Fokus-Hilfsmittel hier ein Wort, das du dir in Gedanken immer wieder vorsagst. Such dir etwas Schönes aus wie Liebe, Freude, Glück, Gelassenheit oder so ähnlich. Wichtig ist, dass du dich mit diesem Wort wohlfühlst, dass dein Mantra mit dir resoniert.

Diese Methode habe ich über die Transzendentale Meditation kennenlernt. Die hat David Lynch, der Regisseur von Hits wie »Twin Peaks«, »Wild at Heart« oder »Blue Velvet« ziemlich bekannt gemacht. Ich habe viel Geld dafür ausgegeben, dass ein Eingeweihter eine Einführungszeremonie mit mir macht und mir dann mein »geheimes« Wort zuflüstert, das ich natürlich niemandem verraten sollte. Es handelte sich dabei um das Sanskrit-Mantra »Hrim«[6] – oh boy, ich hab's getan, ich habe es ausgeplaudert. Ich lebe noch und ich meditiere immer noch sehr effektiv damit.

Ganz ehrlich, diese Geheimhaltungsmasche ist in meinen Augen an Absurdität und Geldmacherei kaum zu überbieten. Ich war damals wegen einer Überfunktion meiner Schilddrüse in Panik – mein Arzt wollte sie mir entfernen – und ich war bereit, alles auszuprobieren, was es besser macht. Das Geld hätte ich lieber in einen schönen Urlaub investiert. Ich muss aber zugeben, dass die Methode ziemlich gut funktioniert. Ob ich dafür allerdings so viel Geld hätte ausgeben müssen, bezweifle ich. Die Schilddrüse habe ich übrigens immer noch und sie funktioniert seit Jahren problemlos – ohne Bestrahlung und ohne Operation. Und ich glaube fest daran, dass die Meditation einen großen Beitrag dazu geleistet hat.

Ich habe vorne das dritte Auge beziehungsweise Stirnchakra angesprochen. Dass liegt daran, dass Yoga und Meditation viel mit Spiritualität zu tun haben. Aber das weißt du wahrscheinlich bereits. Vielleicht ist das nicht so dein Ding. Falls das so ist, überspring diesen Absatz einfach. Wenn du allerdings gerne etwas tiefer eintauchen möchtest, empfehle ich dir unter anderem dieses Video, in dem Deep Kumar, einer meiner indischen Yogalehrer, eine ausführliche Einleitung in Yogaphilosophie gibt. Ich finde das superspannend und ich freu mich, wenn es dir auch so geht.

3. Die Trennung besser machen als die Beziehung:

Es gibt Fälle, in denen ist es besser, den Kontakt zum Ex-Partner sofort und komplett abzubrechen. Ich habe selbst erlebt, dass ein Partner sich aus taktischen Gründen trennte, damit sich das Machtgleichgewicht in der Beziehung zu seinen Gunsten verschiebt. Nach kurzer Zeit oder wenn man sie lange genug darum gebeten hat, kommen diese Partner gern zurück und wähnen sich nun in einer souveränen Position. So ein Verhalten entspricht dem eines verwöhnten Kindes im Vorschulalter. Willst du so einen Partner an deiner Seite? Sicherlich nicht. Sollte dir das passieren, lauf schnell weg und schau nicht zurück.

Zum Glück ist das nicht der Normalfall. Viele Partner gehen, weil sie eigene Themen haben, die sie mit dir gemeinsam nicht lösen können oder wollen. Oder weil ihnen die Arbeit an der Beziehung zu anstrengend ist oder sie sich eingeschränkt fühlen oder weil sie sich neu verlieben (wollen). All das mag sich für dich als Verlassene nicht gut anfühlen. Mit diesen Gründen lässt sich aber eine Trennung gemeinsam durchführen. Gib dir ein wenig Zeit, dann kannst du das angehen. Es bringt nichts, wenn du deinen Ex-Partner in Trauerphase 2 viel um dich hast und ihn mit der ganzen Wucht deiner Gefühle bombardierst. Halte gerade in der Zeit, die von starken Emotionen geprägt ist, so gut es geht Abstand. Sonst läufst du Gefahr, alles schlimmer zu machen, als es sich für dich ohnehin bereits anfühlt. Du profitierst weder davon, wenn dein Ex ein schlechtes Gewissen hat, weil es dir schlecht geht, noch wenn er wütend auf dich ist und total dicht macht. Du brauchst kein Mitleid und du brauchst auch keinen zusätzlichen Frust.

In Kontakt bleiben müssen

Selbst wenn du den Kontakt am liebsten sofort abbrechen möchtest, in den meisten Fällen lässt sich eine abrupte Trennung in unserem Alter logistisch gar nicht vollziehen. Ihr wohnt noch zusammen, habt gemeinsame Kinder, eine gemeinsame Firma, einen Hund, fünf Katzen … Was auch immer euch die Möglichkeit nimmt, die Tür zu schließen und den Schlüssel wegzuwerfen, kann euch anspornen, die Trennung besser zu machen als die Beziehung. Das ist natürlich leichter gesagt als umgesetzt. Aber es ist möglich. Wenn du dich dazu in der Lage fühlst, dich gemeinsam zu trennen, kann dir die Aufarbeitung der Beziehung während der Trennung sogar über diese hinweghelfen. Du bekommst die Chance auf Antworten, die du während der Beziehung gesucht, aber nie gefunden hast. Schluss mit Spekulationen und mit Freundinnen-Gesprächen, in denen ihr 1.000 Lösungen zusammenspinnt, die wahrscheinlich alle nichts oder nur wenig mit der Realität zu tun haben. Lass das lieber schnell wieder bleiben.

Stattdessen sprich mit deinem Ex-Partner, ohne Vorwürfe, und versuche, seine Gründe auch nicht zu bewerten. Du magst sie allesamt als völlig unerheblich empfinden, für ihn sind sie Grund genug gewesen, um zu gehen. Die Trennung hat also mit ihm und seinem Empfinden zu tun und gar nicht so sehr mit dir. Deshalb ist eine gute Trennungskommunikation ein Geschenk. Ihr könnt gemeinsam weinen, schreien, lachen, und trauern. Und ihr könnt im besten Fall gemeinsam akzeptieren: Es ist, wie es ist – zumindest für den Moment. Vielleicht geben dir solche Gespräche Erkenntnisse über dich selbst mit. Vielleicht stellst du währenddessen fest, dass du einem ungesunden Muster auf den Leim gegangen bist und an etwas festgehalten hast, das dir nicht guttut. Oder du erkennst, dass ihr beide versucht habt, etwas aus Gewohnheit oder Bequemlichkeit heraus aufrechtzuerhalten, das in dieser Form nicht funktioniert – es gibt ja einen Grund, warum er gegangen ist. Vielleicht seid ihr als Freunde gut, aber nicht als Partner? Vielleicht stellt ihr aber auch während der Trennung fest, dass ihr euch überhaupt nicht mehr mögt. Es gibt unendlich viele Möglichkeiten, eine Trennung durchzuführen. Da sie das Ende der Liebesbeziehung besiegelt, kann sie auch Raum schaffen, für etwas neues Gemeinsames oder für jeden alleine.

Freund oder Feind?

Mich hat die Trennung deswegen so hart getroffen, weil Mr. C.. nicht nur mein Mann, sondern auch mein bester Freund war. Von heute auf morgen dachte ich, hatte ich beides verloren und war wütend und fühlte mich um meine Zeit betrogen, die ich mit jemand anderem hätte verbringen können, der bereit gewesen wäre, mit mir an der Beziehung zu arbeiten. Im Nachhinein weiß ich besonders zu schätzen, dass Mr. C.. bereit war, mir trotz Trennung ein Freund zu sein und mit mir zumindest an der Trennung zu arbeiten.

Ich bin da kein Einzelfall. Gerade in längeren Beziehungen sind Partner oft auch gute oder sogar beste Freunde. Bei einer Trennung verlierst du also gleichzeitig deinen Partner und deinen besten Freund. Außerdem lässt sich eine lange gemeinsame Zeit, nicht mal eben so ausradieren. Bisher habe ich fast immer erlebt, dass Beziehungsprobleme und auch das Beziehungsende hauptsächlich auf mangelnde Kommunikation zurückzuführen sind. In solchen Fällen halte ich es für wichtig für das eigene Seelenheil, die Trennung besser zu gestalten als die Beziehung. Im ersten Moment ist die Verletzung sicher groß. Aber es ist deine eigene Entscheidung, wie du diese Verletzung heilst. Das geht zwar nicht über Nacht. Wenn du dich aber für dich entscheidest und bereit bist, die Verletzung heilen zu lassen, kannst du auch ein aktiver Teil der Trennung sein.

Ist sie deshalb weniger schmerzhaft? Wahrscheinlich nicht. Aber es hilft ungemein, wenn du dich nicht rein passiv – also ausgeliefert – fühlst.

Liebe endet nicht, weil eine Beziehung zerbricht. Wahrscheinlich wollen deswegen so viele frisch Getrennte nichts lieber als den Partner wieder zurück. Genau hier liegt aber die größte Herausforderung. Es ist schon was dran am Spruch: »Wenn du etwas liebst, dann lass es los.« Ich möchte den Spruch etwas abwandeln: »Wenn du jemanden liebst, lass ihn los und gehe deinen eigenen Weg.« Die Bucketlist war meiner. Und ich hoffe, du findest darin viel Inspiration für deinen.

Teil Zwei

Die Bucketlist

1. Das Ego boosten!

Kaum etwas kratzt das Ego so sehr an, wie verlassen zu werden. Ist doch klar. Du wirst vor vollendete Tatsachen gestellt und kannst den Ausgang des Geschehens nicht mehr beeinflussen. Hinzu kommt, dass nicht jede Trennung friedlich abläuft. Man bekommt häufig Dinge gesagt wie: »Ich bin nicht mehr in dich verliebt«, oder »Ich stehe nicht mehr auf dich.« Vielleicht hat der Ex-Partner sogar eine Neue. Klar, dass viele das als Niederlage und als Zurückweisung empfinden. Unser Ego erfährt einen herben Schlag.

Die Trennung hat mein Ego in der ersten Runde gleich k.o. geschlagen. Ich möchte die Gefühle an dieser Stelle nicht bewerten oder über Sinn und Unsinn dieser Emotionen diskutieren. Fakt ist, ich fühlte mich klein, hilflos und verschmäht. Und ich brauchte etwas, das mein Ego wieder aufbaut. Und zwar schnell. Ich wollte mich schön fühlen, sexy, begehrenswert und überhaupt – wertvoll. Ich spreche hier nicht von rationalen Überlegungen. Es hätten zehn 30-jährige Surfertypen mit Sixpack vor mir stehen und mir sagen können: »Du bist heiß, du siehst großartig aus.« Das hätte nichts genützt. Ich hätte es nicht geglaubt. Falls doch, dann sicherlich nur für einen halben Tag und dann hätte ich wieder im Ring gestanden, angezählt und mit blauem Auge. Solche Komplimente helfen meist nur kurzfristig, wenn überhaupt. Wenn du es selbst nicht wirklich glaubst, kommen Komplimente nicht so richtig bei dir an.

Soforthilfe: Beauty

Was also tun? Da ich alles, was da in mir angezählt war, nicht so schnell kurieren konnte, habe ich mein Ego ganz klischeehaft mit Äußerlichkeiten gepampert. Ich habe mir alles gegeben, was mir einfiel: neuer Haarschnitt – meine Locken sahen danach spitze aus, das muss ich zugeben –, Maniküre, Pediküre, künstliche Wimpern, neue Schuhe. Hach, das war schön, und auch ganz schön kostspielig. Was ich aber schon immer unbedingt machen wollte: Die Bikinizone und die Achselhaare lasern lassen. Verdammt, was war ich die ewige Rasiererei leid – inklusive Rötungen, Schnitte, eingewachsenen Haare und vielen weiteren Freuden. Ich wünschte, ich würde alle Körperhaare mit derselben Würde tragen wie meine grauen Strähnen. Aber ich kann es nicht. Meine Lösung war also der Laser. Und dieser Spaß war noch teurer als der ganze Beauty-Kram vorher. Aber es hat sich gelohnt. Besonders, nachdem ich frustriert feststellte, dass meine künstlichen Wimpern gerade mal drei, vier Tage schick aussahen. Danach rannte ich wochenlang mit zerzausten schwarzen Spinnenfüßen am Oberlid herum. Und weil ich ständig daran rumknibbelte, riss ich den Rest zusammen mit meinen echten Wimpern aus. Es folgten vier Wochen fast ohne Wimpern – kein Spaß, das sag ich dir. Aber egal, ich bereue weder, dass ich so viel Geld in meine äußere Schönheit investiert hatte, noch den Fokus auf Oberflächlichkeiten. Manchmal muss es eben Beauty sein.

»Du könntest so viel mehr aus dir machen«

Ich habe mich danach – außer nach dem Wimperndesaster – einfach unwiderstehlich gefühlt. Mission erfüllt! Erst als eine Freundin mir sagte: »Du hast so ein hübsches Gesicht – lass uns bitte zusammen zum Hairstyling gehen, du könntest so viel mehr aus dir machen!« und anfing, mir Frisurenvorschläge per WhatsApp zu schicken, regte sich bei mir der erste Widerstand gegen all dieses oberflächliche Zeug. Das gesagt zu bekommen, nachdem du für deine Verhältnisse schon richtig Gas gegeben hast, war nicht so prickelnd. Ich wusste, sie meinte das nett, und ich bin wirklich froh, dass ich mit meinen 49 Jahren mit mir und meinem Äußeren im Reinen bin. Das meine ich kein bisschen ironisch, sondern vollkommen ernst. Ich mag jedes graue Haar an mir und freue mich über meine lange, lockige Mähne. Und ich weiß auch, dass meine Freundin das ganz lieb gemeint hat – sie wollte für mich da sein und mir das auch zeigen. Aber Memo an alle Freundinnen und Freunde da draußen: Wenn du gesagt bekommst, dass du so, wie du aussiehst, nicht attraktiv genug bist, hilft das nicht dabei, sich nach einer Trennung besser zu fühlen. Im Gegenteil. Das kann dazu führen, dass das ohnehin geknickte Ego noch weiter nachgibt.

Fazit:

Was auch immer du dir gönnst, um dein Ego zu boosten, bitte genieße es. Wahrscheinlich gibst du zu viel Geld dafür aus. Egal, wenn es dir guttut, war es jeden Cent wert. Mach einfach das für dich Beste aus der Situation. Vielleicht bist du ja im Moment mutiger als sonst und stellst fest, dass ein neuer Haarschnitt dir viel besser steht als der alte. Vielleicht möchtest du dir einfach nur etwas Zeit für dich gönnen? Super, go for it! Jede Zeit und alles Geld, das du in dich investierst, sind gut angelegt und helfen dir ein Stück dabei zu begreifen: Du bist wichtig, du bist genug und du brauchst niemand anderen, der dafür sorgt, dass es dir gutgeht.

2. Eine Never-have-I-ever-Liste anfertigen

Kennst du dieses unsägliche Trinkspiel aus den USA, bei dem immer einer oder eine sagt: »Ich habe noch nie in meinem Leben …«? Alle, die schon »haben«, müssen dann einen Kurzen trinken. Ich möchte dich zwar nicht zum Trinken verführen. Aber mir gefällt der Ansatz, über Dinge nachzudenken, die man noch nie getan hat. Netflix hat eine sehr witzige Serie um genau dieses Thema ranken lassen. Mich hat diese Coming-of-Age-Geschichte dazu inspiriert, eine solche Liste anzufertigen. Zum einen war ich neugierig, welche neuen Optionen das Leben für mich zu bieten hatte. Zum anderen war ich es leid, es einfach nur geschehen zu lassen. Ich wollte eine aktivere Rolle einnehmen.

Um Missverständnissen vorzubeugen, möchte ich an dieser Stelle kurz anmerken, dass ich gar nichts dagegen habe, das Leben einfach nur laufen zu lassen. Für mich war es in der Rolle der Verlassenen aber ungemein wichtig, Kontrolle zurückzugewinnen und mich nicht dem Leiden und den schlechten Gefühlen hinzugeben, sondern aktiv zu werden. Meine Never-have-I-ever-Liste war der Anfang, um mich in die richtige Stimmung für Veränderungen zu bringen. Und um darüber Klarheit zu bekommen, was ich schon immer einmal machen wollte, mich aber bislang nicht getraut habe, mir keine Zeit dafür gegönnt oder aus welchem Grund auch immer bislang darauf verzichtet habe. Was davon ich umsetze, wird sich zeigen.

Hier mein Plan:

a) Schnorcheln: Ich wollte schon immer einmal die Welt unter Wasser genauer betrachten. Mein Element als im Sternzeichen Waage Geborene ist eher »Luft«. Ich habe gehörigen Respekt vor dem Meer und hatte das Schnorcheln immer wieder nach hinten geschoben. Ich bin zwar, seit ich denken kann, eine Wasserratte. Aber alles, was unter der Oberfläche liegt, stellte für mich stets ein Mysterium dar. Ich hatte bislang nicht den Mut wirklich in die Tiefe zu schauen. Tauchen ist mir bis heute noch eine Spur zu viel, aber Schnorcheln wollte ich unbedingt ausprobieren.

b) Surfen lernen: Wie gesagt, ich stehe auf Wasser – und ich wollte unbedingt mal richtig darauf stehen. Bisher hatte ich meist vom Strand aus zugesehen, während andere elegant auf ihren Brettern über die Wellen glitten. Ich wollte aber unbedingt selbst mal aufs Brett steigen. Surfen lernen mit Ende 40? Warum nicht?

c) Allein verreisen: Als ehemalige Stewardess und Reisejournalistin habe ich schon viel von der Welt gesehen. Ich war in vielen US-Städten, in Kanada, Zentralamerika, einigen afrikanischen Ländern und sehr viel in Europa unterwegs. In Asien hingegen war ich noch nie. Und dahin wollte ich unbedingt – ganz allein.

d) Mich hypnotisieren lassen: Hypnose war für mich bislang ein großes Mysterium. Aus Hollywoodfilmen kennt man Hypnose meist als Vergnügen für andere, also eine Art Showhypnose wie in »Die Unfassbaren« oder, um Menschen zu manipulieren wie beispielsweise in »Get out«. Ich hatte bereits viel über die heilende Wirkung von Hypnose und Selbsthypnose gelesen und davon gehört. Das wollte ich gerne mal ausprobieren.

Fazit:

Mit diesen vier Punkten begann meine Idee der »Bucketlist«. Ich setzte mir ein Ziel: All das wollte ich innerhalb eines Jahres für mich getan haben. Und ich war ganz sicher, dass es mir danach besser gehen würde. Der Rest der »Bucketlist« hat sich dann Stück für Stück auf dem Weg zu meinen »Never-have-I-ever-Zielen« ergeben.

3. Spontan und sofort verreisen

Bevor ich nur einen einzigen der vorher genannten Punkte angehen konnte, musste ich erst mal raus. Ich konnte meine Wohnung, die noch bis vor ein paar Tagen »unsere« war, nicht mehr ertragen. Auch wenn ich alle Fotos sofort abgehängt hatte, schlief ich noch im selben Bett, in der Bettwäsche, die ich für uns gekauft hatte, saß auf demselben Sofa, auf dem wir immer gemeinsam saßen und trank den Kaffee, den wir zuletzt noch zusammen geholt hatten. Es war schlicht und ergreifend beschissen. Ich liebte diese Wohnung, in die Mr. C. vor rund fünf Jahren mit eingezogen war, die ich aber schon neun Jahre vorher gemietet hatte. Plötzlich war sie der unangenehmste Ort der Welt. Ich dachte immer noch bei jedem Geräusch, dass mein verstorbener Husky Victor gleich um die Ecke biegen würde. Das war schlimm genug. Jetzt steckte die Bude auch noch voller Erinnerungen an »uns«. Die ersten Tage konnte ich nicht einmal etwas mit dem Thermomix kochen, den Mr. C. mitgebracht hatte, so unwohl fühlte ich mich in meinen eigenen vier Wänden.

Zum Glück gibt es meine Freundin und meinen liebsten Reise-Buddy Nadine, die wusste, dass ich rausmusste und sich auf einen spontanen Trip nach Edinburgh einließ. Ok, sie hat bestimmt, dass es dahin gehen sollte, aber ich war sehr willig. Mein letzter Trip dorthin hatte 1997 mit meinem schottischen Freund Calum stattgefunden. Der lebte inzwischen sogar wieder dort um die Ecke.

Zuhause hätte ich nichts, absolut nichts auf die Kette bekommen. In Schottland war ich ungeahnt produktiv und kreativ. Ich hatte ja keine Ahnung, wie wundervoll diese kleine Stadt war. Ich erinnerte mich lediglich noch an die vielen alten Gebäude und die Burg. 1997 war ich im August während des Edinburgh-Festivals dort und die Stadt war heiß und voller Menschen. Dieses Mal war es ganz schön frisch und deutlich leerer in den Straßen. Wir wanderten im Regen auf den Pfaden von J. K. Rowling, im Sturm auf den Lion's Head und saßen stundenlang mit unseren Laptops in wundervollen Cafés und schrieben, und schrieben und schrieben. Ein Traum. Die Idee und der Titel zu diesem Buch sind in Schottland entstanden. Außerdem nutzte ich die Zeit für ein kleines Makeover. Ich wollte mir die Haare färben und fand den wundervoll punkigen Friseurladen »Rock 'n Roses«. Nicole nahm sich richtig viel Zeit, um mit mir zu besprechen, welche Farbe es sein sollte. Schau dir gerne deren Instagram-Account @rocknrosehair17 an. Dann weißt du, wozu ich bereit gewesen wäre. Es hätte Violett, Babyrosé, Feuerrot oder auch Regenbogenfarben sein können. Doch die unglaubliche Nicole bremste meinen Enthusiasmus und sagte: »Ich mach dir einen tollen Schnitt, aber deine Haare mit den grauen Strähnen sind traumhaft schön. Es wäre ein Verbrechen, sie zu färben.« Als ich den Laden verließ saßen meine Locken besser als je zuvor. Ich fühlte mich gut, ich fühlte mich sexy, ich fühlte mich frei.

Fazit:

Hätte es diese Workation nicht gegeben, ich hätte mich zuhause vergraben und mich selbst bemitleidet. In Edinburgh habe ich mich abgelenkt und das war für den Anfang das Beste, was ich tun konnte. Zu diesem Zeitpunkt war das richtig und wichtig. Die Realität holte mich früh genug wieder ein. Und die drei Paar »Irregular Choice«-Schuhe, die ich gekauft habe, sowie zahlreiche tolle Bücher erinnern mich immer daran, dass ich unbedingt bald wieder in diese wunderbare Stadt reisen muss.

4. Allein ausgehen

Viele Freunde und Bekannte hatten mir schon erzählt, das Schlimmste am Singledasein sei, dass sie sich jetzt immer jemanden suchen müssen, der oder die mit ihnen ausgeht. Klar, es gibt bestimmt Events, die zu zweit oder in der Gruppe mehr Spaß machen. Aber so richtig verstanden habe ich nie, warum sie die Dinge, auf die sie Lust hatten, nicht einfach allein unternahmen. Klar, die Selbstverständlichkeit, mit der man gemeinsam unterwegs war, gemeinsam ins Restaurant ging, ins Kino, tanzen oder oder oder fällt nach einem Beziehungsende weg. Und dann ist da plötzlich dieses riesengroße ALLEIN.

Ich war tatsächlich schon vor der Trennung daran gewöhnt, Dinge allein zu unternehmen. Mr. C. hatte oft nicht auf dasselbe Lust wie ich. Hinzu kam, dass ich geschäftlich oft allein in anderen Städten im Hotel saß. Da ist abends häufig niemand da, der mit dir etwas gemeinsam unternimmt. Auch heute bin ich manchmal noch froh, wenn ich nach Meetings oder sonstigen geschäftlichen Treffen die Hotelzimmertür schließen kann und nichts und niemanden mehr sehen muss. Aber es kommt doch vor, dass ich raus will. Und dann geht das eben nur allein. Es gab Momente, an denen ich mich etwas seltsam fühlte, wenn ich solo in einem Restaurant saß oder an einer Bar. Tatsächlich waren das aber meist die Abende, an denen ich schnell mit anderen ins Gespräch kam und Menschen kennenlernte, mit denen ich spannende Gespräche führte. Das Schöne daran: Du kannst mit Fremden so offen reden, wie du willst. Nichts muss dir peinlich sein. Denn, wenn du das nicht möchtest, wirst du diese Menschen nie wieder sehen.

Weniger Reisen, weniger allein

Während Corona waren diese Geschäftsreisen deutlich weniger geworden. Außer dem Besuch in meinem Yogastudio und dem einen oder anderen Restaurant hatte ich zwei Jahre so gut wie nichts erlebt, was nur ansatzweise an die Zeit vor Covid erinnerte. Zwei Jahre hatten wir fast ausschließlich zuhause gesessen und uns in der Freizeit Netflix-Serie nach Netflix-Serie reingezogen. Ich wollte wirklich, wirklich, wirklich wieder mehr unternehmen – am liebsten gemeinsam mit Mr. C. – aber das ging ja nun nicht mehr. Also bin ich allein losgezogen.

a) Allein ins Kino:

Ich konnte es selbst kaum glauben. Aber ich war noch nie allein im Kino. Ich hatte selbst für »Twilight« fünf Kollegen, alle männlich, gefunden, die ihn sich mit mir gemeinsam angesehen haben. Zugegeben, sie wussten nicht, was sie erwartet, und ließen sich durch das Zauberwort »Vampire« verführen. Es konnte ja nicht so schlimm sein, wenn es um Blutsauger ging – dachten meine Kollegen. Ich hatte tatsächlich bis zu jenem Tag in Miami auch noch nie von dem Hype um die Bücher gehört. Aber das ist eine andere Geschichte.

Reise in die Vergangenheit

Es war Samstag nachmittags und mir fiel die Decke auf den Kopf. Für die letzte Bikram-Yogastunde an diesem Tag war es zu spät und ich hatte auch keine Lust, zu arbeiten oder in die Glotze zu starren. Aber ich wollte ins Kino. Also schwang ich mich aufs Fahrrad und fuhr ins nächste Kino. Die Sonne schien, ich hatte genug Bewegung und es gab Popcorn. Das war genug, um mich glücklich zu machen. Ich hatte mich im Vorfeld nicht darum gekümmert, was auf dem Programm stand. Ein weiterer Vorteil meiner neugewonnen Freiheit – ich muss mit niemandem mehr Filme abstimmen und kann nach Herzenslust entscheiden.

Und dann lief »Top Gun: Maverick«. Ich hatte das Original 1986 geliebt und auch »Maverick« war sehr unterhaltsam. Bis mir auffiel, dass ich den ersten Teil vor 36 Jahren – in Worten: sechsunddreißig – im Kino gesehen hatte. Ich habe mich selten so alt und gleichzeitig so jung gefühlt. Jung, weil es mich in die Vergangenheit zurückkatapultiert hat und diese Liebeserklärung an Teil 1 ganz entzückend fand. Und alt, na ja, ich sag nur 36. Das muss ich, glaube ich, nicht weiter erklären.

B) Allein essen gehen:

Das war für mich tatsächlich nie ein Thema. Ich greife es hier trotzdem auf, weil ich weiß, dass viele Frauen das nicht gerne tun. Ich finde das schade. Für mich als Autorin ist das allein in Cafés oder Restaurants sitzen ein nicht enden wollender Inspirationsquell. Ich liebe es, Menschen zu beobachten und mir Geschichten zu ihnen auszudenken. Ich erinnere mich an Filmszenen, in denen die Protagonisten in Bars oder Cafés sitzen und gemeinsam die Jobs der anderen Menschen erraten oder über ihr Liebesleben fabulieren. Frag mich nicht, wie die Filme heißen – ich weiß es nicht mehr. Das Alter … egal! All diese Menschen in den Filmen, das bin ich – nur mache ich das ganz allein. Ich habe meinen Laptop fast immer dabei und spinne mir dann Ideen zusammen oder entwickle aus Sprachfetzen Geschichten. Es ist unglaublich, wie viele Menschen dich ansprechen, selbst in Deutschland, wenn du allein mit deinem Laptop irgendwo rumsitzt.

c) Allein in die Bar:

In Hamburg Blankenese, wo ich zuhause bin, gibt es tatsächlich die eine oder andere Bar. Es hat etwas gedauert, aber inzwischen kenne ich sie alle und sie haben mich bislang nicht so richtig überzeugt, leider. Um sich einsame Momente zu vertreiben, sind Hotelbars einfach besser geeignet. Ich meine das übrigens kein bisschen schlüpfrig – bislang habe ich noch niemanden in einer Hotelbar abgeschleppt. Ich sage bewusst »bislang«. Wenn du genau darauf Lust hast, spricht absolut nichts dagegen. Wir werten einfach viel zu schnell und deswegen betone ich das an dieser Stelle. Mir ging es tatsächlich darum, mich mit fremden Menschen zu unterhalten. Und ich habe schon ganz wunderbare Gespräche in diesen Bars geführt. Zum einen ist die Musik in der Regel so dezent, dass du dich noch unterhalten kannst, ohne zu schreien. Zum anderen sind viele Menschen dort allein und freuen sich über etwas Gesellschaft. Besonders gerne erinnere ich mich an ein rund 5-stündiges Gespräch mit der 34-jährigen Anna aus München, die am nächsten Tag ein Vorstellungsgespräch bei einem Start-up hatte. Ihre bisherige Karriere hatte sie ausschließlich in Konzernen verbracht und war ziemlich schnell ziemlich hoch aufgestiegen. Der Haken: Sie musste ständig im Büro hocken und hatte zwar viel Geld, aber keine Zeit, es auszugeben. Für die

Arbeit bei diesem Start-up würde sie finanzielle Einbußen hinnehmen müssen. Dafür gab es die Möglichkeit, hauptsächlich remote zu arbeiten – gleitende Arbeitszeiten und ortsunabhängig. Sie wollte gerne mehrere Monate im Jahr aus dem Ausland arbeiten. Ich rede ja so gerne und konnte ihr, da ich das selbst schon seit vielen Jahre so praktiziere, helfen. Leider haben wir keine Nummern getauscht und ich weiß nicht, ob sie sich getraut hat. Ich hoffe es.

Fazit:

Ja, es kann viel schöner sein, Dinge mit einem Partner zu unternehmen. Aber wenn du dich mal daran gewöhnt hast, allein ins Kino, in die Bar oder essen zu gehen, macht das richtig viel Spaß. Am meisten gefällt mir daran, dass ich überhaupt nichts abstimmen muss, mich völlig frei bewegen und eigene Rituale entwickeln kann. Mit jedem Mal wird es leichter, besonders, wenn du merkst, dass dich keiner anstarrt, weil du ihnen leidtust, sondern weil du interessant bist. Du kannst allein ausgehen regelrecht trainieren. Ein klassischer Fall von Learning by doing: Je öfter du es tust, desto leichter wird es dir fallen – und mit etwas Glück auch immer besser gefallen.

5. Alte Freunde und Freundinnen wiedertreffen

Ich schäme mich selbst etwas dafür: Immer, wenn ich in einer Beziehung war, habe ich meine Freunde und Freundinnen vernachlässigt. So war das auch in den Jahren mit Mr. C. Ich kann ihm dafür nicht einmal die Schuld zuschieben. Er hat mich sogar dazu ermutigt, mit anderen etwas zu unternehmen. Als Mr. C. dann weg war, stellte ich fest: Ihr wunderbaren Menschen seid alle noch da! Schön, dass ich euch auch dann noch habe, wenn mein Leben, wie ich es bisher kannte, zusammenbricht. Dieser Punkt hat es aus drei Gründen auf meine Bucketlist geschafft:

a) Alte Freund:innen kennen dich gut – ihr versteht euch oft ohne Worte. Wenn eine Beziehung zu Ende geht, fehlt dir meist die Vertrautheit. Die kannst du mit deinen Freund:innen fühlen. Denn keiner weiß so viel über dich, wie jemand, mit dem oder mit der du viele gemeinsame Erlebnisse teilst.

b) Ihr habt Themen, die mit deiner Ex-Beziehung nichts zu tun haben.

c) Ihr könnt dort anknüpfen, wo ihr das letzte Mal, als ihr euch traft, aufgehört habt und, ganz frei, gemeinsam lachen und weinen.

Dasselbe 30 Jahre später

Es ist 30 Jahre her, dass ich die Band »Pink Turns Blue« mit Elke in Stuttgart gesehen habe. Als ich mitbekam, dass die Band endlich wieder auf Tour ist, schrieb ich Elke sofort an und sie war dabei. Wir leben inzwischen beide seit über zwanzig Jahren in Hamburg und hatten uns trotzdem jahrelang weder gesehen noch gesprochen. Was soll ich sagen: Der Abend war großartig! Wir hatten uns eine Menge zu erzählen und es fühlte sich an, als ob es gerade mal drei Jahre und nicht dreißig her war, dass wir in der alten Heimat vor der Bühne standen. Ok, die Herren waren damals auch noch etwas jünger und es war nicht mehr ganz die Originalbesetzung. Aber das spielte keine Rolle. Es war einfach nur genial!

Just can't get enough

Mein letztes Depeche Mode Konzert liegt zwar erst 25 Jahre zurück, aber ich konnte mein Glück gar nicht fassen, als meine Freundin Mira sich meldete. Mit ihr fuhr ich damals, ganz spontan, nach München, um die Band live zu erleben. Jetzt reisen wir 2023 gemeinsam für die nächste Tour nach Berlin. Sofort nach ihrer SMS waren all die Bilder wieder da, wie wir zu »Just can't get enough« völlig durchgedreht waren. Und das Beste: Wir schafften es nach der Show, uns zu einer Afterparty ins Hotel Vier Jahreszeiten in der Maximilianstraße einzuschleusen. Ich werde nie vergessen, wie Andy Fletcher – ich kann nicht glauben, dass er tot ist – umringt von Damen genüsslich auf einem Stuhl saß und Martin Gore dabei zusah, wie er stundenlang am Hotelflügel Depeche Mode Songs spielte und sang. Das war so unglaublich aufregend. Mira lebt übrigens auch schon viele Jahre in Hamburg und wir sehen uns eigentlich nie. Aber ich weiß, dass der Trip großartig wird. Allein schon, weil ich denselben Gedanken hatte, als ich die Show-Werbung auf dem Instagram-Kanal von »radio eins« gesehen hatte: Wir müssen dieses Konzert gemeinsam erleben.

Große Freiheit

Mit Jen habe ich in meinen Hamburger Anfangszeiten bei »Omas Apotheke« zusammen gekellnert. Wie viele Nächte hatten wir gemeinsam Spaghetti Bolognese und Radeberger serviert? Ich weiß es nicht. Wir haben uns in den letzten Jahren zufällig beim Bikram-Yoga getroffen und spontan beschlossen, auf den Kiez zu gehen. Es gab die gleiche Mini-Pizza wie vor Jahren auf dem Hans-Albers-Platz und wir tanzten mit Abiturient:innen und Student:innen in der großen Freiheit – bis kurz nach Mitternacht. Dann konnten wir beide die Augen kaum noch aufhalten und wollten nur noch nach Hause. Dennoch ein großartiger Abend, den ich jederzeit wiederholen würde.

6. Einen/eine Hypnose-therapeut:in suchen

Ich hatte bereits häufig davon gelesen, wie effektiv Hypnose sein konnte. Das wollte ich unbedingt ausprobieren. Also kontaktierte ich einige Hypnosetherapeut:innen in und um Hamburg und habe mich schließlich für die wunderbare Emma Köpnick[7] entschieden. Auf ihrer Seite hatte ich gelesen, dass sie das Thema Liebeskummer mit Hypnose anging. Und ich fand, dass ich erst einmal genug gelitten hatte. Ich wollte endlich die schlimmen Herzschmerzen loswerden und war überzeugt, dass ich das mit Hypnose schaffen konnte.

Zunächst gab es ein Vorgespräch, in dem ich erzählte, wie es mir ging, was passiert war und was ich wollte. Wir sprachen über eine Stunde. Emma erklärte mir, wie Hypnose funktioniert und wie sie bei meinem Liebeskummer helfen kann. Im Grunde kannst du dir so ein Vorgespräch wie die Anamnese beim Arzt vorstellen. Der braucht ja auch einiges an Informationen, um eine Diagnose zu stellen und eine Therapie auszuarbeiten. So funktioniert das auch bei Hypnose. Außerdem füllst du im Vorfeld einen Anamnesebogen aus. Darin werden so Sachen geklärt wie körperliche Beschwerden, der Konsum von Alkohol und Zigaretten, aber auch, ob du mit Hypnose bereits bekannt bist, ob du den Therapieablauf kennst und vieles mehr.

Im zweiten Schritt ging es dann ans Hypnotisieren. Wir hatten uns auf ein Verabschiedungsritual von Mr. C. geeinigt. Emma versetzte mich über Skype in Trance – was völlig problemlos funktionierte – und ich stellte mir bildlich ein Szenario vor und folgte dem Ritual. Ich möchte jetzt nicht die ganze Sitzung nacherzählen. Nur so viel: Ich schaffte es Schritt für Schritt, mich zu lösen, ihn loszulassen. Während der Hypnose weinte ich, war verzweifelt. Aber ich konnte mich so gut verabschieden, dass ich – zurück im Hier und Jetzt – wirklich glücklich war und mir bereits in Trance eine neue Welt eröffnet hatte.

Ich möchte dich nicht dazu überreden, zur Hypnose zu gehen. Wenn du für diese Art der Behandlung allerdings offen bist, kann sie kleine Wunder bewirken und dir dabei helfen, zu heilen. Um Hypnosetherapie ranken sich so viele Gerüchte, dass ich an dieser Stelle noch einige ausräumen möchte. Das kann ich, weil ich inzwischen selbst eine ausgebildete Hypnosetherapeutin bin und viele Erfahrungen damit gesammelt habe.

a) Hypnose macht willenlos

Das Gerücht der Willenlosigkeit hält sich hartnäckig, hat aber mehr mit der Dramaturgie von Hollywoodfilmen zu tun als mit der Realität. Es gibt sicher auch schwarze Schafe unter den Hypnotiseur:innen, die ihre Therapeut:innenrolle missbrauchen. Aber das ist nicht die Regel. Im Gegenteil: Alle Hypnotiseur:innen, die ich kenne, gehen sehr gewissenhaft mit dieser Form der Therapie um. Du bist während der Hypnose auch nicht willenlos, weil du jederzeit mitbestimmen kannst, was passiert. Niemand hält dich in einer Art Tiefschlafphase gefangen und setzt dich der eigenen Willkür aus. Du beteiligst dich und deine Aktivität ist sogar Basis und Schlüssel für den Erfolg der Therapie.

Während der Hypnose befindest du dich in der sogenannten Trance. Dieser Zustand lässt sich über die Aktivität des Gehirns – über die Frequenz der Gehirnwellen – messen. Wenn du, wie meistens während des Tages, wach und voll bei Bewusstsein bist, schwingen deine Gehirnwellen mit einer Frequenz von 13 bis 30 Hertz[8] im Betawellen-Bereich. Wenn du tief schläfst, schwingen die Gehirnwellen viel langsamer, im Delta-Bereich zwischen 0,1 und vier Hertz. Unter Hypnose bist du entspannt und ruhig. Die Gehirnwellen schwingen zwischen 8 und 13 Hertz und werden als Alphawellen bezeichnet. Du hast zwar deine Augen geschlossen, befindest dich am Übergang zwischen Bewusstsein und Unterbewusstsein, bist aber wach. In diesem Zustand nutzt du Informationen und Wissen aus den 10 Prozent, die dein Bewusstsein umfasst, hast aber auch Zugriff auf das, was sich in deinem Unterbewusstsein befindet, das 90 Prozent der Informationsverarbeitung erledigt.

Während du dich also in Trance befindest, ist dein Gehirn aktiv. Du brauchst keine Angst davor zu haben, dass du dich nicht schnell und zügig aus der Hypnose begeben kannst, wenn du das als nötig empfindest. Eine Hypnosesitzung ist stets ein Miteinander zwischen dir und dem Therapeuten oder der Therapeutin. Kontraindiziert ist sie aber beispielsweise bei Epilepsie, in akuten psychotischen Zuständen, wie sie zum Beispiel bei Schizophrenie oder bipolaren Störungen vorkommen, bei Intoxikation durch Alkohol oder anderen Drogen, starker Depression und einigem mehr. All das wird aber jede:r verantwortungsbewusste Therapeut:in im Vorfeld mit dir klären.

b) Hypnose wirkt bei mir nicht

Ich würde jetzt gerne behaupten, dass wirklich jede:r hypnotisierbar ist. Aber das stimmt nicht. Wenn du eine Abwehr dagegen entwickelt hast und deinen Widerstand nicht loslässt, wirst du nicht in den Trancezustand kommen und damit bist du, zumindest für den Moment, nicht hypnotisierbar.

c) Hypnose ist gefährlich

alls du zusätzlich zum Liebeskummer ein schweres Trauma aufzuarbeiten hast, solltest du besonders gut auf die Auswahl deines Therapeuten oder deiner Therapeutin achten. Ein Hypnosecoach, der sich beispielsweise auf Raucherentwöhnung oder Gewichtsreduktion spezialisiert hat, muss nicht unbedingt in der Lage sein, auch mit einem Kindheitstrauma oder Missbrauch in der Vergangenheit umzugehen, die plötzlich an die Oberfläche drängen können. Einige meistern das. Aber sicher nicht alle. Die Berufsbezeichnung gibt dir einen kleinen Hinweis: Hypnosetherapeut:in darf man sich nur nennen, wenn man zumindest Heilpraktiker:in für Psychotherapie ist. Das setzt zwar, Stand November 2022, nur die erfolgreiche Absolvierung einer schriftlichen und mündlichen Prüfung und damit angelerntes Fachwissen ohne viel Praxiserfahrung voraus. Die Berufsbezeichnung belegt aber zumindest, dass diese Therapeut:innen wissen, wann sie dich weiter behandeln können und dürfen und wann sie dich zu Ärzt:innen, beziehungsweise zum:r Psychotherapeut:in schicken müssen. Außerdem gibt es natürlich auch zahlreiche Mediziner:innen und Psycholog:innen, die mit Hypnose arbeiten.

d) Hypnose ist nicht wissenschaftlich bewiesen

Diese Aussage ist falsch. Man mag sich über die Wirksamkeit von Homöopathie streiten. Die Wirksamkeit von Hypnose hingegen hält selbst klassischen wissenschaftlichen Standards stand[9] – nur die Gesetzgebung in Deutschland ist da etwas kompliziert.[10] Die legal vorgeschriebenen Doppelblindstudien können für den Nachweis der Wirksamkeit von Hypnose logischerweise nicht genutzt werden: Therapeut:innen wissen ja, wen sie hypnotisieren. Das lässt sich nicht vermeiden. Und Patient:innen können nicht ohne deren Wissen in Trance versetzt werden.

Goodbye Liebeskummer!

Ich bin, wie du vielleicht schon herauslesen konntest, eine glühende Verfechterin von Hypnose. Damit du deinen Liebeskummer aber wirklich loswirst, musst du dir schon ein paar Gedanken machen. Das, was du erreichen möchtest, muss SMART sein. Sprich, du musst dein Ziel klar definieren und es muss die folgenden Aspekte enthalten:

S = SPEZIFISCH

Z.B.: Ich möchte morgens mit einem Lächeln aufwachen und es den Tag über beibehalten.

M = MESSBAR

Das lässt sich jeden Morgen ganz leicht überprüfen, spätestens beim Blick in den Spiegel.

A = ATTRAKTIV

Z.B.: Weil mein Körper dann Glückshormone ausschüttet, es mir besser geht und ich dadurch von innen strahle. Das ist für mich gut und die Ausstrahlung wirkt auch auf andere Menschen.

R = REALISTISCH

Dass du es schaffst, jeden Morgen mit einem Lächeln zu beginnen und auch den Tag über zu strahlen, halte ich für ein realistisches Ziel.

T = TERMINIERT

Z.B.: Das Ganze bitte ab morgen.

Dein Ziel könnte also lauten:

Ab morgen wache ich jeden Tag mit einem Lächeln im Gesicht auf und bewahre mir dieses Lächeln den ganzen Tag über, weil mein Körper dann Glückshormone ausschüttet, es mir gut geht und ich von innen nach außen strahle. Dadurch erhalte ich eine positive Grundstimmung und Haltung, die Wirkung zeigt und auch auf andere abfärbt. Das macht mich glücklich.

Kein so gutes Ziel wäre:

Ich möchte ab morgen immer glücklich sein und alle sollen mich dadurch so attraktiv finden, dass Sam Witwer (sorry, mein Lieblingsschauspieler) anruft und mit mir zur Oscarverleihung will.

Dieses Ziel ist nicht spezifisch – glücklich zu sein ist viel zu abstrakt. Es ist nicht so einfach messbar, eben weil du es nicht konkret genug formulierst. An welchen Parametern lässt sich das Glücklichsein festmachen? Attraktiv ist es sicher, aber realistisch eher nicht – und schon gar nicht in der vorgegebenen Zeit.

Fazit:

Hypnose ist ein kraftvolles Tool, um Liebeskummer Stück für Stück loszuwerden. Ich bin inzwischen selbst ausgebildete Hypnosetherapeutin und -Coach und nutze die Macht der Selbsthypnose zur Entspannung, zur Entscheidungsfindung und dazu, Themen aufzuarbeiten. Oft weiß unser Unterbewusstsein nämlich viel mehr, als wir im Bewusstsein zulassen. Die Angst vor Hypnose ist unbegründet. Du bist auch in Trance in der Lage, Kontrolle auszuüben. Hypnose ist aber nicht für alle geeignet. Menschen auf Drogen, mit akuten Psychosen oder unter Epilepsie oder anderen krampfneigenden Krankheiten Leidende, sollten sich nicht hypnotisieren lassen. Am besten informierst du dich gründlich und führst verschiedene Vorgespräche, um herauszufinden, ob du Hypnose für dich als Tool nutzen kannst und vor allem auch willst.

7. Etwas Neues lernen

Vielleicht ist es meine grundsätzliche Neugier, vielleicht auch mein Beruf – wenn ich nicht ständig etwas Neues lerne, wird mir langweilig. Meine Arbeitsehefrau Jana kann ein Lied davon singen. Immer, wenn ich wieder eine neue Idee habe, muss sie mitziehen. Wenn ich nur hartnäckig genug bin, kriege ich sie meistens rum und wir haben eine neue Dienstleistung oder ein neues Produkt entwickelt und auf den Markt gebracht. Ich weiß aber, dass ich das in gewissen Dosen machen muss, sonst tritt sie mir in den Hintern und hat keine Lust mehr. Dieser Punkt hat es auf meine Bucketlist geschafft, weil es einiges gibt, das ich schon immer mal lernen wollte, mich aber bisher nicht getraut oder mir nie die Zeit dafür genommen habe und vielleicht geht es dir ja genauso.

a) Ich wollte Yogalehrerin werden.

b) Ich wollte die Prüfung Heilpraktikerin für Psychotherapie bestehen.

c) Ich wollte Hypnosetherapeutin werden.

Als Single hatte ich plötzlich so viel mehr Zeit, dass ich einige davon unbedingt in meine Weiterbildung stecken wollte. Mir war wichtig, nicht nur an eine meiner Firmen zu denken, sondern mich in Bereichen weiterzubilden, die ganz für mich waren. Was sich dann daraus ergeben würde, stand auf einem anderen Blatt.

a) Jetzt werde ich Yogalehrerin (Teil 1)

Das hatte ich mir schon so lange vorgenommen und nie umgesetzt – der Himmel weiß, warum nicht. Nach der Trennung nahm ich mir ganz bewusst Zeit dafür. Ich muss dazu sagen, dass ich inzwischen seit rund 30 Jahren sehr regelmäßig auf der Yogamatte stehe und daher natürlich über ein fundiertes Grundwissen verfüge. Die Pandemie hat dafür gesorgt, dass zahlreiche Ausbildungen auch online durchgeführt werden konnten. Für Anfänger:innen ist das nichts. Aber für mich war es kein Problem über OTL *(https://www.online-trainer-lizenz.de/yoga-ausbildung.html)* eine erste staatlich anerkannten Ausbildung zu absolvieren, die mir auch noch die Möglichkeit der freien Zeiteinteilung lieferte. Es gab ein Skript, zahlreiche Videos und einige Multiple-Choice-Fragen, die mein Wissen nach jeder Lektion überprüft haben.

Am besten gefallen hat mir, dass ich eine Freundin davon überzeugen konnte, die Ausbildung mit mir zu beginnen. Ein Lernbuddy hilft ungemein, wenn du dich plötzlich mit Anatomie und Yogaphilosophie beschäftigen musst. Auch Sanskrit-Begriffe lernen sich nicht mal eben von selbst. Nach so vielen Jahren als Yogapraktizierende hatte ich keine Ahnung, dass der »Herabschauende Hund« auch »Adho Mukha Svanasana« heißt oder der »Baum« auch »Vrksasana«. Ich gebe zu: Ich musste es eben wieder in meiner Yoga-App nachschauen. Mein Sanskrit ist auf jeden Fall noch »Work in progress«. Auch von Patanjalis achtgliedrigem Pfad hatte ich zwar schon einmal gehört, was genau aber dahintersteckt und warum Yoga so viel mehr ist als nur Posen zu praktizieren, habe ich in dieser Ausbildung erst so richtig begriffen. Die mangelnde Praxis war an dieser Ausbildung auf jeden Fall der große Haken. Zum Glück hatten wir am Ende nicht nur eine schriftliche Prüfung, sondern mussten auch einen rund 20-minütigen Flow unterrichten.

Falls du auch Lust auf so eine Online-Ausbildung hast, rate ich dir, erst einmal mindestens sechs Monate lang regelmäßig Yoga zu praktizieren. Wenn du diese Ausbildung absolviert hast und gleich unterrichten möchtest, wirst du wahrscheinlich Schüler:innen haben, die über deutlich mehr Erfahrung verfügen als du selbst. Das ist zwar nicht dramatisch, kann aber ziemlich einschüchternd wirken oder unangenehm sein. Ich würde dir außerdem empfehlen, noch mindestens eine 200-Stunden-Ausbildung anzuschließen, bevor du so richtig ins Teaching einsteigst – es sei denn, du bist schon Fitnesstrainer:in oder etwas Ähnliches und Yoga ist deine Zusatzqualifikation. Ich habe zwar keine Angst, mich vor eine Gruppe Leute zu stellen und sie zu unterrichten, aber trotzdem fühlte ich mich noch nicht gut genug praktisch ausgebildet, um einen guten Job zu machen. Also ging meine Yogareise weiter.

B) Die Welt auf den Kopf gestellt (Teil 2)

Kauf dir ein Feet-up®. Ich bekomme übrigens kein Geld dafür, dass ich dir das sage. Ich erwähne es an dieser Stelle, weil ich dieses kleine »Gerät«, das zwar mehr nach Holz-Kloschüssel als Yogahelfer aussieht, aus tiefstem Herzen liebe. Was habe ich mich jahrelang mit dem Kopfstand gequält und mir das ein oder andere Mal den Hals dabei verrenkt. Und dann trat der Feet-up®-Hocker in mein Leben. Mehrere Jahre war ich drumherum geschlichen und fand ihn eigentlich zu teuer, nur um den Kopfstand damit zu praktizieren. So richtig schick sah er mit seinen hellen Holzbeinen und dem langweiligen weißen Polster auch nicht aus. Und wo ich ihn verstauen sollte, während ich ihn nicht benutzte, war mir auch ein Rätsel. Als die Designer sich dann dazu entschlossen, dem Gestell dunkle Holzbeine und ein Leo-Print-Kissen zu verpassen, konnte ich nicht mehr widerstehen. Und inzwischen habe ich ihn in meine tägliche Yogaroutine eingebaut und bin selbst Feet-up®-Teacher-Trainerin.

Warum hat der Feet-up®-Hocker mir gerade in der Trennungsphase so sehr geholfen? Er gab mir die Möglichkeit, meine Welt, die ja völlig auf den Kopf gestellt wurde, aus einer anderen Perspektive zu betrachten. Denn wenn die Welt kopfsteht, hilft es dir, die Perspektive krass zu verändern. Weil ich den Kopfstand mit dem Hocker innerhalb weniger Tage recht einfach bewerkstelligen konnte, gab's auch gleich noch ein schönes Erfolgserlebnis on top. Der Feet-up® ist in meinen Augen ein kleines Wunderwerk, mit dem auch unerfahrene Yogis Umkehrhaltungen schnell und ganz simpel erlernen und ausführen können.

Warum das körperlich gut für dich ist:

- Durch die Umkehrhaltung gelangt mehr Blut und damit Sauerstoff in deinen Kopf. Das macht dich fitter und konzentrierter.

- Dein Gleichgewicht wird trainiert und gleichzeitig entlastest du deine Wirbelsäule inkl. Nacken.

- Spannungskopfschmerzen lassen nach.

- Dein Herz wird gekräftigt.

- Der Kopfstand wirkt entschleunigend, weil er dir eine Zwangspause verschafft.

- Deine Organe werden entlastet, können sich ausnahmsweise einmal in die andere Richtung ausdehnen.

Aber auch auf deine Emotionen können sich Umkehrhaltungen auswirken. Man sagt, du wirst dadurch mutiger, Ängste und Stress werden gemildert. Wir Menschen sind erst einmal nicht dafür ausgelegt, auf dem Kopf zu stehen. Im Alltag brauchen wir diese Bewegung schließlich nicht. Es ist also kein Wunder, dass sowohl unser Körper als auch unser Verstand dagegen angehen, wenn wir uns auf den Kopf stellen wollen. Wenn du es aber drei Wochen lang geschafft hast, deine Welt täglich mindestens drei Minuten lang auf den Kopf zu stellen, wirst du zahlreiche positive Veränderungen bemerken. Deep, einer meiner Yogalehrer, sagt: »Dann geschehen die Wunder.« Ich kann das bestätigen. Seit ich regelmäßig Kopfstand praktiziere

– ob mit oder ohne Feet-up® – fühle ich mich noch sicherer in meiner Haut. Es fällt mir leichter, in Gesprächen auch andere Perspektiven zu sehen und zu akzeptieren. Ich bin kreativer, disziplinierter und experimentierfreudiger. Ob das tatsächlich »nur« am Kopfstand liegt, kann ich dir nicht sagen. Aber dabei geholfen, dass es mir besser geht, hat die Praxis auf jeden Fall. Wenn du dich alleine nicht an den Feet-up® herantraust, kannst du dich auf deren Homepage zum Teacher-Training[11] anmelden. Auch wenn das dort anders steht, musst du kein:e Yogalehrer:in sein, um daran teilzunehmen. Die drei Tage mit der großartigen Lea Zubak[12] hielten für mich nicht nur einige Erfolgserlebnisse bereit wie meinen ersten Handstand seit mindestens zwanzig Jahren. Lea hat mit ihrer lebensbejahenden Art einen wichtigen Teil zu meiner Heilung beigetragen. Sie strahlt eine solche Begeisterung und Lebensfreude aus, dass ich Sonntag morgens um 7 Uhr aus dem Haus rannte, um trotz Schienenersatzverkehr rechtzeitig um 8 Uhr auf der Matte und im Feet-up® zu stehen.

Das Training hatte ich eigentlich nur für mich absolviert. Leas Kurs begeisterte mich aber so sehr, dass ich auch die nachträgliche »Herzensaufgabe« für die Zertifizierung noch erledigt habe. Auf meinem Instagram-Kanal @mona_schnell_autorin findest du diese Herzensaufgabe: ein rund 20-minütiger Anti-Liebeskummer-Flow im Zeitraffer. Der Feet-up® eignet sich prima dafür, hüftöffnende und herzöffnende Übungen zu praktizieren. Also genau das, was dir bei der Verarbeitung von Liebeskummer hilft.

c) Heilpraktikerin für Psychotherapie

Bereits vor der Trennung hatte ich einen mehrmonatigen Vorbereitungskurs für die sogenannte HP-Psych-Prüfung (HPP) absolviert. Ich wollte gar nicht als Heilpraktikerin arbeiten. Aber das, was ich in diesem Kurs lernte, kam unter anderem meiner Tätigkeit als Ghostwriterin zugute. Die bestandene Prüfung unterstrich meine Expertise gegenüber meinen Ghostwriting-Auftraggeber:innen und sagte: Sie weiß, wovon sie redet und worüber sie schreibt. Dass mich die Themen so catchen würden, dass ich schon nach kurzer Zeit voll in die Materie abtauchte, hatte ich nicht erwartet. Ich war so euphorisch, dass ich mich sofort für die schriftliche Prüfung anmeldete, durch die ich – oh Wunder – erst einmal durchfiel. Beim zweiten Anlauf, ein halbes Jahr später, klappte es dann und fünf Monate später erhielt ich die Einladung zur mündlichen Prüfung. Sie hätte zu keinem ungünstigeren Zeitpunkt kommen können. Alle, die mit mir in der Vorbereitung saßen, kamen aus anderen Bundesländern und waren bereits mit allem durch. In Hamburg gibt es anscheinend zu viele Prüflinge im Verhältnis zu Prüfer:innen. Ich war also auf mich allein gestellt und musste mir, frisch getrennt, den ganzen Stoff noch einmal in den Kopf hämmern. Einige Freunde haben mich immer mal wieder abgefragt, aber knapp zwei Wochen vor der Prüfung stand mir die Panik bis zum Hals und ich rief aus Gewohnheit und Verzweiflung Mr. C. an und bat ihn um Hilfe.

Ich hätte nie gedacht, dass er sich zehn Tage lang jeden Tag über mehrere Stunden mit mir hinsetzen würde, um mehrere Bücher durchzuarbeiten und mich abzufragen. Ich lernte, was das Zeug hielt und zwischendrin kam Mr. C. vorbei und spielte mit mir eine mündliche Prüfung nach der nächsten durch. Das ist echte Freundschaft. Ich habe es zu einem nicht unerheblichen Teil ihm zu verdanken, dass ich die Prüfung souverän bestanden habe und, dass von all dem vielen Wissen auch tatsächlich eine Menge hängengeblieben ist. Ich kann gar nicht sagen, wie sehr mich diese Tage meiner Heilung näherbrachten. Zu spüren, dass ich nicht einfach nur »abgelegt« wurde, sondern, dass zwischen uns noch so viel Freundschaft existierte, hat mir die Möglichkeit gegeben, Mr. C. zu verzeihen. Für ihn mag das nicht so wichtig gewesen sein, aber für mich war es die Basis fürs Loslassen und Weitergehen.

Rogers Kurs

Für die Prüfung zum:r Heilpraktiker:in für Psychotherapie paukt man sich zwar viel Fachwissen in den Kopf. Eine Therapiemethode, die man in der Praxis dann anwenden kann, bekommt man jedoch nicht aktiv vermittelt. Auswendiglernen allein macht aus mir ja noch keine gute Therapeutin. Deshalb hatte ich mich schon vor der HPP-Prüfung dafür entschieden, die Gesprächsführung nach Rogers[13] in einem Kurs zu erlernen. Mich überzeugte vor allem der Ansatz, dass der US-Psychologe Carl Rogers von einem grundsätzlich positiven Menschenbild ausging und sinngemäß sagte: Jeder Mensch besitzt die Fähigkeit, sich selbst so zu entwickeln, wie er gerne möchte. Das klang so, als ob ich diese Technik nicht nur für die Anwendung bei anderen erlernen wollte. Ich war überzeugt, dass ich sie vor allem auf meinem Weg und für mich selbst nutzen konnte. Carl Rogers Gesprächstherapie folgt drei Grundsätzen. Hier in Kurzform:

1. Kongruenz

Therapeut:innen sind ganz sie selbst. Sie verstecken sich nicht hinter künstlich errichteten Mauern. In der Beziehung zu ihren Klient:innen sind sie offen und ehrlich, gehen transparent mit den eigenen Empfindungen um.

2. Wertschätzung

Man könnte fast sagen, dass diese Art der Gesprächsführung eine Naivität der Therapeut:innen voraussetzt. Sie akzeptieren die Gefühle ihrer Patient:innen ganz ohne Wertung und Bedingungen.

3. Empathie

Als Therapeut:in ist man ganz dicht dran an dem, was die Klienten fühlen, und kann sich in deren Welt einfühlen.

Rogers Technik der Gesprächsführung ist, zumindest auf den ersten Blick, ganz einfach. Im Grunde wiederholst du fast schon wie ein Papagei das, was die Patientin oder der Patient erzählt. Etwas nervig fand ich, dass ich mein Gegenüber schon nach wenigen Worten unterbrechen sollte. Aber die Aufgabe des Zuhörers ist bei Rogers nicht nur passives Lauschen, sondern das aktive Wiederholen und Zusammenfassen dessen, was Patient:innen äußern, ohne dabei zu bewerten.

Ich wusste sofort: Das liegt mir! Voller Enthusiasmus habe ich mich dann auch gleich für die erste Sitzung mit der Dozentin als Probandin zur Verfügung gestellt. Ihre Frage: »Warum sind sie heute hier?« beantwortete ich mit: »Ich wurde verlassen und komme mit der neuen Situation nicht so gut zurecht.« Es waren erst ein paar Tage seit der Trennung vergangen und ich wusste, die Therapie hatte ich nötig. Was mir nicht klar war: Es dauerte nicht mal eine Minute und ich fing schon nach meinem ersten Satz vor zwanzig wildfremden Leuten an, Rotz und Wasser zu heulen. Doch kurz darauf geschah für mich ein Wunder. Ich möchte dich nicht langweilen und die Sitzung nacherzählen. Aber das Resultat war verblüffend: War ich morgens noch ganz schön geknickt in den Raum geschlichen, lief ich abends aufrecht, entspannt und zufrieden wieder heraus. Das hat sich während der gesamten Ausbildung auch nicht mehr geändert. Und ich war nicht die einzige, der es so ging. Bis heute nehme ich an einer Übungsgruppe, die aus diesem Kurs entstanden ist, teil und ärgere mich jedes Mal sehr, wenn ich es nicht schaffe, den Sonntagstermin einzuhalten. Rogers war für mich eine echte Entdeckung und ich werde ewig dankbar sein, dass ich diese Therapieform erlernen durfte.[14] Diese Technik hat mich sehr im aktiven Zuhören geschult. Das kann man in der Kommunikation mit anderen immer gut gebrauchen – besonders in Freundschaften und Beziehungen.

Hypnose-Ausbildung

Rogers allein genügte mir aber nicht. Ich war angefixt und wollte nun auch noch Hypnose lernen. Über meine eigene Hypnosetherapie hast du ja schon einiges erfahren. Meine Begeisterung ist bis heute nicht abgeflacht. Also meldete ich mich kurz darauf für die Hypnosetherapeut:innen-Fortbildung[15] an. Ich hatte das Glück, mit nur fünf weiteren Teilnehmer:innen in die Ausbildung zu gehen. Das bedeutete vor allem eins: Wir konnten üben, üben, üben. Und das war unglaublich hilfreich. Wir haben während des Kurses gegenseitig Rückenschmerzen und Unterleibschmerzen kuriert, ich wurde meine Schuldgefühle los, die ich seit dem Tod meines Hundes mit mir herumtrug. Andere überwanden ihre Höhenangst und sogar die Rosacea im Gesicht einer Teilnehmerin verblasste innerhalb eines Tages sichtbar. Du siehst, es gibt jede Menge Anwendungsmöglichkeiten für Hypnose oder Herausforderungen, bei denen sie Hilfestellung leisten kann. Das hat mich überzeugt. Und das Beste: Du lernst auch, wie du mit Selbsthypnose viele deiner eigenen Themen ganz leicht selbst angehst.

Fazit:

Im Rückblick kann ich gar nicht glauben, was ich innerhalb eines Jahres alles gerissen habe, obwohl viele für mich schlimme Dinge passiert sind. Es macht mich megastolz, dass ich mir so viele Träume und Wünsche erfüllt habe und ich feile jeden Tag an neuen Ideen, wie ich das viele Wissen nun für mich nutze und wie ich es in meinen Beruf einbauen kann. Ich hoffe, ich konnte dich hierdurch inspirieren und du hast auch Lust bekommen, dich weiterzubilden. Neugier ist so wichtig, um vorwärtszugehen und Altes hinter sich zu lassen.

Mir selbst habe ich gerade eine Zwangspause in Sachen Fortbildung verpasst. Vielleicht ist es dir schon aufgefallen, aber ich neige dazu, immer mehr zu wollen und zu machen, anstatt erst einmal das sacken zu lassen, was ich bereits gelernt habe, und zu schauen, was das alles nun für mich bedeutet. Wenn es so weit ist, kann's natürlich weitergehen. Aber von jetzt an nicht mehr mit Highspeed, sondern in einem etwas entspannteren Tempo.

8. Tinder, Bumble & Hinge

Ich war mit einer Freundin an der Elbe unterwegs, der ein Jahr vor mir ungefähr dasselbe passiert war wie mir: Von heute auf morgen war der Kerl einfach weg. Zwei Wochen lang dachte sie: »Ich sterbe jetzt.« Danach hat sie wieder angegriffen, und zwar richtig. Sie meldete sich bei Bumble an, datete und schrieb Bettgeschichten, »bis der Arzt kam«. Sie führte mich in die Swipe-App ein, von der ich bis zu diesem Tag weder gehört noch gelesen hatte. Tindern wollte ich auf keinen Fall – ich hatte einfach keine Lust dazu, dass mich fremde Männer anschreiben können. Bei Bumble dürfen die Männer deine Fotos liken, aber das erste Mal anschreiben darfst nur du sie – und zwar innerhalb von 24 Stunden nach einem Match. Sonst ist die Verbindung wieder aufgelöst – es sei denn, eine:r von beiden verlängert sie.

Daten? Das ist ewig her!

Ok, ich gebe zu, meine Dating-Zeit liegt schon viele Jahre zurück. Mr. C. lernte ich vor zehn Jahren über den Job auf einer Veranstaltung kennen. Damals gab es noch keine Dating-Apps bzw. kannte ich diese nicht. Kurzum, ich fühlte mich zu blöd zum Daten. Ich wollte mich aber auch nicht mehr sitzengelassen fühlen und darauf warten, dass ich meinen Ex irgendwo zufällig mit einer anderen traf. Unsere Trennung war zu diesem Zeitpunkt bereits sechs Wochen her und ich wusste: Ich muss etwas tun. Daten war so ziemlich das Letzte, worauf ich Lust hatte. Aber ich musste raus aus der Bude und rein ins Leben. Und um ehrlich zu sein, ich wollte endlich wieder Sex – am liebsten wirklich guten. Ich sprang also kopfüber ins Bumble-Abenteuer. Innerhalb von zwei Stunden hatten über 200 Männer zwischen 30 und 60 auf mein Profil reagiert und ich war völlig geflasht. Nach drei Stunden waren es bereits 400. Das reichte, um mein angekratztes Selbstbewusstsein aufzupolieren. Und ich legte das Handy erst Mal weg und fragte mich: Wie muss denn ein Mann sein, damit ich Lust habe, ihn zu treffen?

Punkt 1: Er muss mich zum Lachen bringen.

Punkt 2: Wir müssen gemeinsame Interessen haben.

Punkt 3: Er darf mich nicht schon im Chat langweilen.

Punkt 4: Ich weiß, das ist ein wenig oberflächlich und vielleicht auch doof. Aber ich möchte, dass er zumindest ein Tattoo hat. Warum? Weil's mir gefällt!

Dann war ich aber doch neugierig und schrieb den ersten an.

Der Fahrradfahrer aus dem Nachbar-Vorort:

Mein erstes Match wohnte im Grunde um die Ecke. Er hätte sich sogar am selben Abend noch mit mir getroffen, das ging mir dann aber doch zu schnell. Eine alte Frau ist schließlich kein D-Zug. Schon die Nutzung dieses Sprichworts qualifiziert mich für die Voranmeldung im Altenheim. Es trifft meine Gedankengänge dabei aber gut. Ich fühlte mich mit deutlich Ü40 so wahnsinnig alt – zu alt, um zu daten. Es hat dann noch ein paar Wochen gedauert, in denen auch noch mein Lieblingsonkel ganz unerwartet verstorben ist. Ich dachte ja, nach Victors Tod und der Trennung könnte mich nichts mehr erschüttern. Aber es war ein weiteres Puzzleteil, das mein Jahr so richtig zum Abgewöhnen machte. Es half alles nichts. Ich wollte mich ablenken – mit Dates.

Rund einen Monat später war es dann so weit: Der Fahrradfahrer und ich trafen uns an der Elbe. Ich hatte es mir an meinem Lieblingsplatz, einer kleinen Mauer mit Blick auf den Fluss, gemütlich gemacht und die Abendsonne genossen. Er hatte zwar die Bank um die Ecke vorgeschlagen, aber ich hatte kurzfristig umdisponiert. Schließlich sollte es ja von jetzt an nach meiner Nase gehen. Außerdem genoss ich es sehr, mir auf der Mauer liegend die Sonne ins Gesicht scheinen zu lassen. Er kam angeradelt und ließ sich mir gegenüber auf einer Bank nieder. Wir unterhielten uns angeregt – fast zwei Stunden lang. Da wir ungefähr gleich alt waren, kannten wir dieselbe Musik, hatten dieselben Filme gesehen und einiges zu bereden, worüber nur Kinder der 70er sprechen können. Dann waren wir auch noch beide selbständig, ähnliche Branche, und arbeiteten gerne vom Ausland aus. Wir schienen ein gutes Match abzugeben. Er fand's toll, dass ich Bücher schreibe und, unter uns Schreiberlingen, dachten wir laut darüber nach, wie unser erster Roman, also sein erster und mein erster, aussehen könnte. Es war wirklich schön. Das Einzige, was mir von der ersten Sekunde an gar nicht gefallen hat: Er meckerte über eine ganze Menge – seine Branche, die Familie, die über ihm wohnte, die Welt, die jungen Kollegen und und und.

Trotzdem empfand ich das Treffen als ein rundum gelungenes Date. Er erzählte mir Bumble-Neuling oberflächlich von ein paar Dates und machte sehr schnell klar, dass er Druck nicht leiden konnte. Er mochte nicht, wenn man eine Nachricht schrieb und nicht auch mal ein paar Stunden oder einen Tag auf eine Antwort warten konnte. Für mich kein Problem. Wenn ich eine Weile fokussiert schreibe, habe ich oft zwanzig und mehr ungelesene WhatsApp-Nachrichten, da ich beruflich auch viel über diese App erledige. Ich konnte also nachvollziehen, dass man nicht ständig am Handy hockt, um auch noch privat zu chatten. Ehrlich gesagt, finde ich das lästig und vermeide es, wann immer möglich.

Sinneswandel gefällig?

Ganz plötzlich stand er dann auf und wollte los. Ich dachte, ok, das war's dann wohl und wir verabschiedeten uns freundlich, aber mit Abstand. Zuhause angekommen erhielt ich dann eine Nachricht, dass er das Treffen schön fand. Mir hatte es ebenfalls gefallen und das sagte ich ihm auch. Ich war gerade dabei, die Pflanzen in meinem Garten zu gießen, als er schrieb: »Duschen, abkühlen.« Nenn mich naiv, es war warm und ich habe es mal ganz wörtlich genommen, nachdem er ja mit dem Fahrrad unterwegs gewesen ist. Ich fand es witzig, darauf mit einem Foto des Rasensprengers zu antworten. Nur drei Nachrichten weiter steckte ich plötzlich mitten in der Lightversion von »Sexting«[16]. Du weißt nicht, was das ist? Ich hatte bis vor kurzem auch keine Ahnung. Bei Wikipedia gibt's die Auflösung. Ich hatte Glück. Ein »Dickpic« gab's nicht. Dafür so philosophische Ergüsse wie »Anregend, körperlich und geistig« natürlich mit Zwinkersmiley. Und als wäre ich nicht nur 48 und naiv, sondern hätte auch noch die letzten 30 Jahre im Kloster verbracht: »Ist ja nicht ganz unwichtig, dass da etwas in Bewegung gerät« und »Lust und Leidenschaft sind schon wichtig😌 .« Ich dachte: Ja, auf jeden Fall. Aber ich muss das doch nicht mehr erklärt bekommen. Den Rest erspare ich dir. Es wurde dann auch wieder ganz charmant. Doch unser Chat gipfelte etwas über eine Woche später darin, dass ich am Vorabend der Beerdigung meines Onkels die Nachricht: »Ich bin gespannt, ob noch mehr entsteht.« erhielt. Ganze vier Minuten später folgte: »Wohl eher nicht, aber eine schöne Begegnung.« Da hatte offenbar jemand keine Lust, auf eine Antwort zu warten. Und ich hatte keine Lust mehr, mich zu treffen.

Mein Learning: Ein wirklich toller Mann – aber nicht für mich. Was mich massiv störte: Er hatte zu viel zu meckern. Auch hatte ich das Gefühl, dass er zwar per WhatsApp klar kommunizierte, im persönlichen Gespräch dann aber eher taktierte. Am meisten aber störte mich, dass er gleich komisch reagierte, als ich nicht sofort so auf eine Nachricht reagierte, wie er das gerne wollte. Genau das erwartete er doch von Frauen? Das war mir dann für den Moment doch zu viel. Ich konnte niemanden ertragen, der mich runterzog. Im Gegenteil. Ich wollte etwas erleben, ich wollte Positives in mein Leben lassen, ich wollte lachen und dann mal weitersehen, was kommt.

Der Schauspieler:

Ich kannte ihn, er mich nicht mehr – im Grunde hätte ich es wissen müssen. Egal, ich habe sein Foto gesehen und mich gefreut, dass es ein bekanntes Gesicht bei Bumble gibt und ihn direkt angeschrieben. Infrage gekommen für mehr als Freundschaft wäre er niemals. Ein Freund meines Ex-Freundes – der zwar ein gespaltenes Verhältnis zu diesem hat, aber noch das letzte Silvester mit ihm gemeinsam verbrachte. Außerdem gab es da, wenn ich mich recht erinnere, auch noch eine Episode mit einer meiner Freundinnen. Das lag zwar bereits zehn Jahre zurück, ich halte aber an solchen Dingen wie dem Frauen-Kodex fest: »Ich date keine Ex-Freunde von Freundinnen.« Nenn mich altmodisch, vielleicht macht man das heute ja nicht mehr. Nenn mich eine Moralapostelin: Aber ich konnte mir einfach nicht vorstellen, jemanden zu daten, der bereits mit einer nahen Freundin »zusammen« war. War er attraktiv? Ja, auf jeden Fall. War er charmant? Definitiv. War er lustig? Auch ein eindeutiges Ja. Es gab Fotos aus der Badewanne mit jeder Menge Schaum. Wir trafen uns auf einen Hundespaziergang und liefen barfuß durch den Elbsand. Ein gelungener Nachmittag, wenn er nicht plötzlich damit angefangen hätte: »Wir wollten ja noch Sex miteinander haben.« Nein, wollten wir nicht! Also ich nicht und das hatte ich ihm vorher auch eindeutig gesagt. Ich wollte sehr gerne einfach mal wieder ein Dinner-Date haben oder mich auf einen Kaffee treffen. Das hätte wirklich schön werden können. Ich mag Menschen und ich mag es, mich mit ihnen zu verabreden und stundenlang zu quatschen. Freundschaft wäre definitiv drin gewesen. Aber wenn ich »Nein« sage zu Sex, dann heißt das »Nein.« Basta! Ich ziere mich nicht, ich will nicht überredet werden, ich möchte dann auch nicht verführt werden oder oder oder. Ich sage einfach »Nein!« Und für alle Herren da draußen, die das nicht verstehen, gerne auch noch mal auf Französisch, Spanisch, Englisch oder Dänisch. Wenn ich mich sehr anstrenge, kriege ich es auch noch auf Türkisch oder Russisch hin.

Der Zombiejäger:

Ich hatte so ein gutes Gefühl bei Mr. Zombiejäger – er war auf den ersten Blick ganz mein Typ: Tätowierte Arme, Comic-Fan und, wie sich herausstellte, wollte er mit mir zusammen die Zombie-Apokalypse bekämpfen. Halleluja! Ich frage mich ernsthaft, warum dieser Mann über eine Dating-App nach einer Beziehung suchte. Dem müsste die Damenwelt doch die Bude einrennen? Im Ernst, Ladys, er wusste was Kryptonit ist und ließ sich auch von meinem Vorschlag, Zombies mit Worten, statt mit Waffen zu schlagen, nicht abschrecken. Ich war schockverliebt – zumindest ein bisschen – in die Vorstellung, die ich mir von ihm machte.

In seinem Profil stand so was Ähnliches wie, dass er keinen Humor besäße. So wirkten die Fotos aber überhaupt nicht. Also schrieb ich ihn an, um zu fragen, was denn mit seinem Humor nicht stimmte. Schnell war klar: Mit ihm und seinem Humor war alles in bester Ordnung. Er brachte mich zum Lachen. Mehrmals und immer wieder. Wir hatten einen tollen Chat und ich war sicher: Den will ich kennenlernen. Einziger Haken: Ich hatte bei Bumble eingestellt, dass ich »etwas Lockeres« suche. Die Wahrheit, weil ich mich zu diesem Zeitpunkt einfach nicht neu festlegen wollte. Es wäre mir viel zu schnell gegangen, mich auf die Suche nach einer neuen Beziehung zu machen. Aber gegen etwas Flirten und Romantik hatte ich überhaupt nichts einzuwenden. Da ich nicht so die Chatterin bin und auch nicht mehr Zeit als nötig mit noch einer App vertrödeln wollte, schlug ich also vor, dass wir uns auf einen Kaffee treffen könnten. Er war dabei – zumindest kurzfristig. Er sprach mich allerdings auf »etwas Lockeres« an und ich antwortete wahrheitsgemäß, dass ich noch nicht lange getrennt wäre und es gerne langsam angehen würde. Das reichte ihm. Er hatte nur Sorge, dass ich in einer offenen Beziehung lebte. Das wäre für ihn ein No-Go. Am nächsten Morgen hatte ich dann eine lange und sehr nette Absage. Er hatte noch einmal darüber nachgedacht. Er wäre inzwischen seit zwei Jahren getrennt und wollte eine feste Beziehung. Deshalb wurde aus unserem Kaffee nichts. Aber lieber Zombiejäger, wenn du nicht einmal bereit bist, eine Stunde für einen gemeinsamen Kaffee zu investieren, ohne dass du sofort sicher sein kannst, dass ich für eine längere Beziehung bereit wäre, dann schwingen wir wohl doch nicht so sehr auf derselben Wellenlänge wie ich dachte. Schade drum.

Der Tennislehrer:

Ich hatte ihn in der App gar nicht weiter beachtet. Warum weiß ich gar nicht mehr. Auf jeden Fall hatte er unser Match verlängert. Das machte mich dann doch neugierig. Ich wollte mich zu diesem Zeitpunkt – gerade mal drei Tage nach der Anmeldung, schon wieder aus der App verabschieden. Also gab ich ihm meine Telefonnummer und wir schrieben über WhatsApp. Er war nett, aber haute mich jetzt auch nicht von den Socken. Jedoch gefiel es mir, dass mir wieder jemand einen guten Morgen, einen schönen Tag und eine gute Nacht wünschte. Unser Chat plätscherte so dahin – bis Mr. C. seine restlichen Sachen aus meiner Wohnung holte. Ich hatte das so gewollt – endlich abschließen und so. Aber danach war ich fix und fertig. Ich brauchte Ablenkung, Bestätigung und ich wollte Sex. Was ein Glück, dass Mr. Tennislehrer sich tatsächlich ins Auto setzte und vorbeikam. Wir unterhielten uns, ich würde auf zehn Minuten tippen, und dann fingen wir an zu knutschen. OMG, das war der Hammer! Wie konnte küssen mit jemandem, von dem ich absolut nichts wollte (bis auf das eine), so fantastisch sein? Ich wollte mehr und ich bekam mehr. Ganz liebevoll und ganz uneigennützig. Bis zu diesem Tag hatte ich noch nie mit einem Fremden geschlafen und mich auch noch nie auf ein Blinddate zuhause eingelassen. Er hätte ein Serienmörder, ein Vergewaltiger, ein Dieb sein können. Doch ich verließ mich auf mein Bauchgefühl und ich lag richtig. Er kam, wir sahen uns und es machte Boom – und danach war ich froh, dass er nur noch schnell unter die Dusche hüpfen und dann gleich wieder gehen wollte. Am nächsten Morgen fühlte ich mich, als hätte ich Mr. C. betrogen. Deshalb war er auch mein letztes Bumble-Abenteuer und ich habe die Abmeldung nicht bereut.

Versuch Nummer 2:

Die Löschung meines Bumble-Accounts tat mir nicht leid – vielleicht in ein paar Momenten, in denen ich mich einsam fühlte. Das war es dann aber auch. Kurz darauf verbrachte ich mehrere Wochen mit einer Menge Twenty- und Thirtysomethings auf Bali – mehr dazu gibt's im nächsten Kapitel. Diese Jahrzehnte habe ich bereits lange hinter mir gelassen. Als ich in dem Alter war, gab's noch keine Dating-Apps. Und ich kann mich auch nicht mehr daran erinnern, dass ich so viel Zeit damit verbracht habe, mich ums Daten zu kümmern. Heute scheint das anders zu sein. Das hat mich ehrlicherweise ziemlich überfordert. Ich wurde überflutet mit Geschichten über Jungs oder Männer, die sich – um es milde auszudrücken – ambivalent verhielten. Mal wollten sie sich treffen, dann machten sie wieder Rückzieher. Aber die Ladys um mich herum verhielten sich genauso, bis auf wenige Ausnahmen. Die Rede war von »Fuckboys« – bitte frag mich nicht, was das ist – und ich hatte offensichtlich überhaupt keinen Plan, wie man sich heute als Single verhalten musste. Ich war hilflos und ließ mich überzeugen: »Probier's doch mal mit ›Hinge‹ – ist wie ›Bumble‹, aber besser«, hieß es. Also installierte ich meine zweite Dating-App. Da ich auf Bali war und die App über Ortungsdienste deinen Aufenthaltsort bestimmt, bekam ich tatsächlich nur Likes von Menschen, die sich in der Nähe aufhielten. Zunächst matchte ich mit einem 20-Jährigen. Wir hatten offensichtlich beide nur die Fotos des anderen angesehen – ich sehe jünger aus als ich bin und er offensichtlich älter. Und ich war ehrlicherweise von den Hundefotos abgelenkt. Ich wäre sicher auch bereit, einen Jüngeren zu treffen. Aber 20 lag dann doch etwa zehn bis zwölf Jahre unter meiner Schmerzgrenze. Ich war bereit, zu experimentieren. Aber das ging mir dann doch zu weit. Worüber hätte ich mich mit ihm unterhalten sollen? Über Politik? Übers Älterwerden? Über Dating? Über Sex? Schon der Gedanke daran, jagt mir einen Schauder den Rücken hinunter. Ist das intolerant? Hell, yes! Ist das vorurteilsbehaftet? Bestimmt. Aber ich konnte nicht aus meiner Haut und löschte das Match sofort wieder, nachdem ich sein Alter entdeckt hatte. Erst zurück in Hamburg gab es einen, den ich gerne getroffen hätte. Er war um die 30 und er brachte mich schon beim Chatten zum Lachen. Ich hab's dann aber doch gelassen. Ich hatte meine Gründe. App gelöscht und für immer verbannt – wenn's gut läuft.

Fazit:

Dating-Apps sind nichts für mich. Ich möchte sie nicht verteufeln, wirklich nicht. Für einige sind sie vielleicht genau das Richtige. Ich habe sie aber in erster Linie als belanglos, unverbindlich und beliebig empfunden. Natürlich lässt sich anhand einiger Fotos und ein paar Aussagen nicht viel festmachen. Aber besonders unangenehm fand ich die immer wieder gleiche Herangehensweise. Das, wofür du früher zumindest ein paar Dates gebraucht hast, ist heute in ein paar Zeilen abgeklopft. Dating wird quasi zeitoptimiert. Ich weiß, dass einige so ihre große Liebe gefunden haben. Aber wenn du zum x-ten Mal dieselben Floskeln geschickt bekommst, egal wie alt dein Gegenüber ist … meins ist das einfach nicht. Und trotzdem bin ich froh, dass ich diesen Punkt von meiner Bucketlist streichen konnte. Es war definitiv eine interessante Erfahrung. Und entgegen meiner bisherigen Vorstellung, tummeln sich ganz normale und wirklich tolle Menschen auf diesen Plattformen. Auch wenn Apps – bisher zumindest – nicht ganz meiner Vorstellung von Dating entsprechen, kann zumindest »Bumble« wirklich was. Trau dich also und tindere, bumble (sagt man das?) und hinge was das Zeug hält, wenn dir danach ist. Du hast doch nichts zu verlieren. Und wenn du nicht verstehst, was die ganzen Abkürzungen bedeuten, über die auf den Apps häufig kommuniziert wird, ich hab da was für dich entdeckt:

9. Eat Pray Love Yourself

Ich war noch nie in Asien. Obwohl ich bereits mehrere Jahre während des Studiums als Stewardess für die Lufthansa unterwegs gewesen bin und, obwohl ich seit vielen Jahren auch als Reisejournalistin arbeite, war ich noch nie in Asien. Bis jetzt. Es war eine ganz spontane und auch eher zufällige Entscheidung. In der Nacht an Tag eins, nachdem Mr. C. mich verlassen hatte, machte ich mich auf die Suche nach einem 200-Stunden-Yogalehrerinnen-Training in den USA. Ich wollte eigentlich nach Boston. Irgendwie bin ich dann auf der Seite einer Yogaschule in Portland gelandet. Das wusste ich in diesem Moment aber noch nicht. Ich las mir durch, was »East + West«[17] so alles zu bieten hatte und es gefiel mir. Plötzlich öffnete sich ein Pop-up und da stand sinngemäß so etwas wie: »All das bekommst du auf Bali für denselben Preis inklusive Unterkunft.« Da so ein Teacher-Training nicht gerade günstig war, dachte ich: »Klingt super.« Also klickte ich auf »Apply«. In meinem Englischverständnis hieß das, dass ich mich um einen Platz dort bewerbe. Das Verständnis von »East + West« war es aber, dass ich eine Rechnung über die Anzahlung von 500 USD bekam, die mir einen Platz für das Training im September 2022 sicherte. Zum Glück boten sie an, dass ich am Tag darauf mit der verantwortlichen Yogalehrerin in Portland zoomen konnte. Bis es so weit war, stand ich bereits kurz vor der Panikattacke. Was hatte ich getan? Ich war noch nie in Asien und auch schon viele Jahre nicht mehr allein verreist, wenn ich den Zielort nicht kannte. Was, wenn lauter 20-Jährige um mich wären und wenn ich die Wochen auf Bali völlig isoliert unter Teenagern verbringen würde, die die Ausbildung nur gebucht hatten, um schicke

Fotos für ihr Instagram-Profil zu schießen? Hatte mich meine Trauer so weit getrieben, dass ich nun völlig durchdrehte?

Zum Glück hat mich Christine von »East + West« davon überzeugt, die Anmeldung nicht zurückzuziehen. Aufgrund eines blöden Zufalls und weil der Mann, den ich so sehr liebte, sich von mir getrennt hat, habe ich einige der schönsten Wochen meines Lebens auf Fortbildung auf Bali verbracht. Dort konnte ich sogar gleich drei Punkte von meiner Never-have-I-ever-Liste abhaken. Ich schnorchelte im Meer vor Nusa Penida und sah eine Unterwasserwelt, wie ich sie bislang nur aus dem Disney-Film »Findet Nemo« kannte. Ich nahm mir einen Privatlehrer am Strand von Kuta, der mir innerhalb einer Stunde das Surfen so gut beibrachte, dass ich gleich mehrere Wellen auf dem Bord reiten konnte, ohne runterzufallen. Surfen ist wie Fliegen – nur schöner. Probier' das unbedingt mal aus! Das mit dem Alleinreisen hat allerdings nur bedingt geklappt. Kurz vor dem Abflug entschloss sich die Tochter einer Freundin, mich für zwei Wochen zu begleiten. Aber ich hatte zumindest den Rückflug spontan verlängert und mir für die letzten Tage eine traumhafte Unterkunft vor Ort gesucht. Ich bin da jetzt etwas großzügig und hake auch diesen Punkt ab.

Und ich durfte über 40 unglaubliche Menschen in einer Altersrange von 18 bis 67 aus Deutschland, aus den USA, aus Angola, aus Australien, aus Neuseeland, aus Großbritannien, aus Polen, aus der Schweiz, aus Italien, aus Russland und wahrscheinlich sogar noch mehr Ländern kennenlernen, die mit mir zusammen die spirituelle Yogalehrerreise angetreten sind. Es ist unfassbar erfrischend, so viele verschiedene Perspektiven kennen und lieben zu lernen. Ich war noch nie im Leben körperlich und seelisch so platt, aber gleichzeitig auch so voller Liebe und Glück wie in den Wochen auf Bali. Und ich habe mir, zum Glück, einiges davon mit nach Deutschland gebracht.

Warum du unbedingt nach Bali reisen solltest, wenn du traurig bist:

- Weil auf Bali (fast) alle Menschen freundlich und hilfsbereit sind. Und wenn du tatsächlich auf jemanden triffst, der dich nicht anlächelt, dann ist das kein Balinese.

- Weil Balinesen wissen, dass du selbst für dein Glück verantwortlich bist. Sie sind bisher die ehrlichsten und offensten Menschen, die ich je getroffen habe.

- Weil du auf dem Rücksitz eines Scooters die Welt aus einer anderen Perspektive siehst und Freiheit noch einmal eine ganz andere Bedeutung erhält.

- Weil du es dir dort für ein mittleres Budget richtig gutgehen lassen kannst. An jeder Ecke gibt es Spas, Tempel, Massage-Praxen und gutes Essen. Aber auch die Strände, Reisfelder und der Urwald sind nicht zu vergessen. Bali heißt nicht umsonst »die Insel der Götter«.

- Weil »Eat, Pray, Love« nicht nur ein Buch und ein Film ist, sondern auf Bali die Realität. Und wenn du dir etwas Mühe gibst, gewöhnst du dich auch daran, dass deine Kleider einfach nie trocken werden.

- Weil Spiritualität und Selbstliebe dort in der Luft liegen. Besonders Ubud, das Mekka von Yogalehrern und Yogaschülern, hat in Sachen Heilung wirklich alles zu bieten, was du dir vorstellen kannst. Yoga, Yoga und noch mal Yoga. Meditation, Ecstatic Dance Klassen, Soundhealing, Reinigungsrituale, spirituelle Heiler:innen, Akupunkteur:innen und scheinbar unendlich vieles mehr. Du musst allerdings wissen, dass einem der Hype um die Spiritualität in Ubud auch ganz schön auf die Nerven gehen kann – wie alles, das von Überfluss zu Überdruss werden kann. Ich finde trotzdem, dass sich eine Reise nach Ubud immer lohnt. Das Lebensgefühl vor Ort ist meiner Ansicht nach unschlagbar.

Fazit:

Ich könnte noch seitenweise Gründe aufschreiben, warum du unbedingt nach Bali reisen solltest. Aber du musst Bali erleben. Keine Beschreibung wird dir das geben, was dir die Menschen und die Stimmung vor Ort schenken können. Mir hat Bali mein Leben zurückgegeben und mich von der ersten bis zur letzten Minute Offenheit, Gemeinschaft und Selbstliebe gelehrt. Ich sollte vielleicht noch erwähnen, dass der nächste Bali-Trip schon gebucht ist. Nicht nur, dass eine Kundin von mir gerade nach Bali auswandert und wir uns vor Ort für die weitere Zusammenarbeit treffen. Ich habe während der Fortbildung gleich zwei wunderbare Frauen kennengelernt, die nun die Social-Media-Strategien und -Kampagnen für den Verlag übernehmen, den ich gemeinsam mit meiner Kollegin Jana führe und in dem dieses Buch erschienen ist. Wir werden auf Bali an weiteren Strategien feilen. Ich kann es kaum erwarten.

10. 100 Dinge, die ich an mir liebe

Zur Trauerbewältigung gehören leider auch immer wieder Rückschläge. Es ist zwar ganz normal, dass du in der einen oder anderen Nacht aufwachst, und Rotz und Wasser heulst, dich selbst bemitleidest und das Gefühl hast, dein Leben ergibt keinen Sinn mehr. Diese Nächte gab es auch bei mir immer wieder. Der erste harte Rückschlag kam aber erst nach etwa sechs Monaten. Mr. C. und ich hatten uns die sechs Wochen nicht gesehen, die ich im Ausland verbracht und in denen ich so richtig viel Neues erlebt hatte. Zurück in Hamburg kamen mit dem Alltag auch die Erinnerungen zurück. Am liebsten hätte ich mich am nächsten Tag gleich wieder ins nächste Flugzeug gesetzt. Davonlaufen ist aber langfristig keine Lösung. Also blieb ich und heulte – morgens, mittags, abends. Ich konnte tagelang wieder nichts essen und dachte: Ich komme nie damit klar, dass er weg ist. Besonders hart war, dass Mr. C. in dieser Zeit wieder alles richtig machte. Er war nicht nur sehr freundlich und hilfsbereit, er redete über sich, über unsere Firma und alles Mögliche. Es war wirklich schön, zusammenzusitzen und ganz unbeschwert zu quatschen. Ich hatte das so vermisst. Wenn ich ehrlich bin, schon ganz schön lange. Auch vor der Trennung gab es solche Momente nur noch sehr selten.

Persönliches Stoppschild

Es ist sehr wichtig, zu trauern. Und ja, mir war klar, dass ich fast ein Jahrzehnt nicht so eben mal wegwischen konnte. Aber nach drei Tagen Dauerheulen konnte ich mich selbst nicht mehr ertragen und stellte mir im Geiste ein persönliches Stoppschild vor die Nase. Ich war nun mal wieder in Hamburg und ich liebte diese Stadt, meine Wohnung und viele Menschen, die ich nur hier um mich hatte. Mir wurde aber bewusst, dass mir ein wirklich wichtiger Aspekt immer noch fehlte: Selbstliebe.

Der Duden spinnt

Was aber genau ist Selbstliebe? Bali hatte mir davon eine Idee gegeben. Jetzt musste ich nur noch etwas aktiver werden. Zunächst einmal bemühte ich den Duden auf der Suche nach mehr Klarheit. Was ich da las, hat mich wirklich geschockt. Unter Selbstliebe versteht der Duden:

a) Narzissmus
b) Eigenliebe
c) Selbstsucht
d) Egoismus

Die Wissenschaft bestätigt, dass Sprache unsere Gesellschaft und ihre Haltung zu Themen mitprägt. Wenn der Nabel der Sprachwelt schreibt, dass Selbstliebe mit Selbstsucht und Narzissmus gleichgesetzt wird, kann das kein gutes Omen sein. Aber was heißt Selbstliebe denn sonst?

Die Krankenkasse DAK liefert eine schöne Definition:

»Selbstliebe ist die Fähigkeit, sich selbst mit allen Stärken und Schwächen anzunehmen und die eigene Persönlichkeit wertzuschätzen. Die Liebe zu sich selbst ist weder zu verwechseln mit Egoismus noch hat sie etwas mit übersteigerter Eitelkeit zu tun. Selbstliebe bedeutet, auf sich selbst und die eigenen Bedürfnisse Rücksicht zu nehmen, für sich zu sorgen und liebevoll mit sich selbst umzugehen.«[18]

Also, liebe Duden-Redaktion, höchste Zeit, dass ihr diesen Begriff neu definiert. Mit Eigenliebe kann ich gut leben. Mit allen anderen Begriffen überhaupt nicht. Was hat die Redakteure geritten, so etwas zu schreiben? Narzissmus ist eine ernstzunehmende Persönlichkeitsstörung, die in Krisensituationen, den sogenannten narzisstischen Krisen, oft sogar zu Selbstmord führt, weil Narzissten nicht besonders gut mit Ablehnung und zum Beispiel auch Trennungen umgehen können. What the f-word?

Vielleicht fällt es uns genau wegen solcher Definitionen oft schwer, uns selbst zu lieben. Wer möchte schon selbstsüchtig, egoistisch oder narzisstisch sein? Also ich nicht. Wir haben gelernt, uns anzupassen, auf die Bedürfnisse von Partner:innen, Freund:innen, Kolleg:innen, Chef:innen und und und einzugehen. Unsere eigenen Emotionen und Empfindungen kommen aber häufig zu kurz, oft kennen und vor allem spüren wir sie nicht einmal. Während meiner Yogalehrerinnenausbildung auf Bali hat einer meiner Lehrer, der wunderbare Vijeth Kumar, uns die Aufgabe gestellt, 100 Dinge aufzuschreiben, die wir an uns selbst lieben. Er bestand darauf, dass es wirklich

100 Sachen sein müssen. Ich hätte nie gedacht, dass mir das so schwerfällt, aber ich habe mich Ding für Ding vorgearbeitet und mit jedem Tag, bin ich ein Stückchen weitergekommen. Inzwischen habe ich die 100 voll. Probiere das unbedingt mal aus. Du wirst feststellen, dass diese Übung dich dir selbst und deiner Liebe für dich selbst sehr viel näherbringt. Ich möchte dir nicht alle meine 100 Punkte aufzeigen, aber die ersten 30, die mir einfielen. Vielleicht ist da auch etwas für dich dabei.

- Ich liebe meinen Sinn für Humor.
- Ich liebe es, dass ich über mich selbst lachen kann.
- Ich liebe meine Spontaneität.
- Ich liebe, dass ich lieben kann.
- Ich liebe meine Offenheit.
- Ich liebe, dass ich (fast) immer gute Laune habe.
- Ich liebe, dass ich mich inzwischen auf Knopfdruck entspannen kann.
- Ich liebe meine Fokussierung.
- Ich liebe, dass ich Langeweile genießen kann.
- Ich liebe, dass ich schreiben kann.
- Ich liebe, dass ich im Flugzeug schlafen kann, sobald die Triebwerke laufen.
- Ich liebe, dass ich sogar Fliegen rette, wenn sie in meiner Wohnung Lärm machen.
- Ich liebe, dass ich genug Disziplin habe, seit 20 Jahren kein Fleisch zu essen.
- Ich liebe, dass ich nie müde werde, zu lernen.

- Ich liebe, dass ich mitfühlen kann.
- Ich liebe, dass es mir (meistens) egal ist, was andere über mich denken.
- Ich liebe, dass ich nie neidisch bin, sondern mich mit anderen freuen kann.
- Ich liebe, dass ich mit vielen Songs Erinnerungen verbinde, die mich glücklich machen.
- Ich liebe, dass ich mich auf jeder Party ohne Alkohol sehr gut amüsieren kann.
- Ich liebe meine Kreativität.
- Ich liebe, dass ich nicht nur Ideen habe, sondern viele auch umsetze.
- Ich liebe, dass ich nicht nachtragend bin.
- Ich liebe, dass ich das Gute in Menschen sehe.
- Ich liebe, dass ich, auch wenn's hektisch ist, anhalte, um an einer Blume zu riechen.
- Ich liebe, dass ich (fast) jeden Song aus den 1980ern mitsingen kann.
- Ich liebe, dass ich mich getraut habe, dieses Buch zu schreiben.
- Ich liebe, dass ich mit Büchern und Filmen mitfühlen kann.
- Ich liebe, dass ich für jedes Tier jederzeit bremsen würde.
- Ich liebe, dass ich für jeden Blödsinn zu haben bin.
- Ich liebe es, dass ich meine Wohnung allein bezahlen kann.

Fazit:

Ich habe mich nicht nur einmal gefragt, warum es unbedingt 100 Dinge sein müssen, die ich an mir liebe. Vijeth hat die Zahl nie begründet. Sie scheint unerreichbar und das ist sicher genauso gewollt. Denn nur, wenn du eine solche Aufgabe nicht mal ebenso nebenbei erledigen kannst, widmest du dich ihr immer wieder und fokussierst dich darauf. Zeit, in der du dich mit dir und deiner Großartigkeit beschäftigst, ist nicht nur wichtig, sondern gerade in Zeiten, in denen dein Ego in Trümmern liegt, eine essenzielle Zutat auf dem Weg zur Heilung. Du beschäftigst dich vor allem nicht mit dem, was du selbst für ein Defizit hältst, sondern damit, was du richtig gut an dir findest, ja sogar liebst.

11. Um die Finanzen kümmern

Du hast sicher bemerkt, dass einiges, was auf meiner Bucketlist steht, nicht ganz kostenfrei zu haben ist. Umso wichtiger, dass du dich, wenn du es bisher nicht getan hast, um deine Finanzen kümmerst. Bali macht keinen Spaß, wenn du kein Geld hast. Schon allein der Flug dorthin kostet rund 1000 Euro. Mir ist klar, dass ich als Verlassene mehr Glück habe als andere, weil ich schon seit Jahrzehnten von meinem selbst verdienten Geld leben kann. Wenn du in anderen Lebensumständen steckst oder dich für eine andere Lebensweise entschieden hast, kann das ganz anders aussehen. Und wenn du traurig bist und dann auch noch Geldsorgen hinzukommen, steckst du echt in der Klemme. Das lässt sich auch nicht schönreden oder schönschreiben.

Altersarmut ist besonders bei Frauen ein Thema, das zum Glück in den letzten Jahren auch medial eine Menge Aufmerksamkeit bekommen hat. Gerade dann, wenn du zuhause geblieben bist und dich um die Kinder gekümmert hast, musst du das Thema Finanzen auf deine Agenda setzen. Besser gestern als heute. Wenn du es bisher noch nicht getan hast, fang unbedingt jetzt damit an. Lass dich nicht von alten Glaubenssätzen wie »Geld stinkt« oder auch »Ich kann nicht mit Geld umgehen« davon abhalten. Ich versichere dir, Geld zu haben, ist mit Sicherheit nicht alles. Aber es beruhigt ungemein. Geld zu haben, schenkt dir Freiheit und die Möglichkeit, deine Entscheidungen so zu treffen, wie du möchtest und nicht so, wie du musst.

Eine Leben ohne Geldgedanken

Wenn es dir so geht wie mir, dann hast du dich auch sehr lange überhaupt nicht für Geld interessiert. Es war entweder da oder nicht und dann habe ich mich darum gekümmert, das wieder welches reinkam. Als Selbständige ist man dieses Hin und Her gewöhnt. Und trotzdem habe ich viele Jahre das, was reinkam, auch wieder ausgegeben – für Klamotten, für Schuhe, für allen möglichen Kram, den ich nicht wirklich brauchte. Dann war ich plötzlich Ü40 und schaute mir zum ersten Mal die jährliche Renteninformation an, die wir alle ungefragt nach Hause geschickt bekommen. Ich mach's kurz: Sie trieb mir die Tränen in die Augen. Ich überdachte mein Konsumverhalten. Mein Schrank platzte ohnehin aus allen Nähten. Es gab also wirklich keinen triftigen Grund, ihn ständig noch weiter vollzustopfen. Und mit dem Geld, das plötzlich übrig war, wollte ich in meine Zukunft investieren und dafür sorgen, dass ich im Alter nicht von der staatlichen Rente leben muss. Mehr als reine Existenz konnte das nicht werden. Ich musste etwas unternehmen.

Zum Glück durfte ich damals für den Montagshappen-Themendienst Natascha Wegelin aka Madame Moneypenny[19] interviewen. Ein sehr aufschlussreiches Gespräch, das mir die Augen geöffnet hat. Leider gibt es den Onlinekurs, den ich danach absolviert habe, nicht mehr. Aber vieles davon findest du auch in ihren Büchern und auf ihrem Blog. Inzwischen bietet sie auch ein Mentoring an. Da ich das nicht absolviert habe, weiß ich nicht, wie gut das ist. Aber die Basisinformationen reichen auch völlig aus, um dir zumindest ein Gefühl für das eigene Vermögen zu geben und dir Möglichkeiten aufzuzeigen, wie du auch in Zukunft gut über die Runden kommst. Ich habe bei ihr alle Basics über Börse und Finanzen gelernt und investiere seither mehrere Hundert Euro pro Monat in ETF-Sparpläne und Rücklagen. Hatte ich vor meiner Finanzerziehung oft kein Geld, ist bis heute immer genug dafür da, dass ich meine monatlichen Sparpläne bedienen kann, ohne mich den Rest des Monats von Spaghetti mit Ketchup ernähren zu müssen.

Wenn du mehr willst, kannst du dich bei zahlreichen Finanzexpert:innen am Markt weiterbilden. Ich habe mich dafür vor einigen Jahren an Nils Steinkopff gewendet und sowohl den Kurs »Investement Accelerator« als auch das »Uplevel Investment« absolviert. Mit Erfolg. Sonst hätte ich mir zum Beispiel Bali nicht leisten können. Zurzeit finde ich auf der Website seiner Finance.Academy[20] nur den Wartungsmodus. Er baut wohl etwas um. Es lohnt sich aber in jedem Fall, ein persönliches Gespräch mit ihm zu buchen. Dann wirst du schnell merken, ob seine Art zu investieren auch für dich interessant sein könnte. Mich hat sie so sehr überzeugt, dass ich inzwischen sogar ein Buch mit ihm gemeinsam geschrieben und veröffentlicht habe.[21]

Mittlerweile habe ich alles Geld, das ich in meine finanzielle Bildung gesteckt habe, wieder raus. Ich habe sogar noch Gewinn gemacht. Ich freu mich wie ein kleines Kind, dass ich endlich mitreden kann, wenn Menschen über die Börse und Aktien sprechen. Für meine Selbständigkeit habe ich gelernt, Bilanzen nicht nur vom Steuerberater machen zu lassen, sondern sie auch zu verstehen und zu deuten. Gerade in Krisenzeiten kann dir das den Hintern retten. Handelsblatt und Börsenpodcasts sind meine liebsten Informationsmedien geworden und ich komme meinem erklärten Ziel, finanziell unabhängig zu sein, immer näher – in kleinen, aber stetigen Schritten. Das Beste daran: Jeder kann diesen Weg gehen und ich rate dir wirklich dazu.

- Ändere dein Mindset, wenn nötig: Geld ist nichts Schlechtes und dein Geld zu vermehren ist wichtig, damit du freier leben kannst und auch im Alter nicht auf staatliche Unterstützung oder deinen Partner angewiesen bist.
- Sammle Informationen und lerne sie zu analysieren: Ein Aktienkauf ist nur so gut, wie die zugehörige Analyse und Strategie. Die kannst du dir entweder allein erarbeiten oder, das halte ich für den besseren Weg, du suchst dir einen Profi, der sich auskennt und Menschen, die sich gerne mit dir austauschen. Informationen nur zu sammeln, reicht nicht. Du musst verstehen, was du tust und warum.
- Lege dir Musterdepots an und spiele damit: Es ist ein bisschen wie Monopoly. Aber du solltest unbedingt erst ein bisschen mit Musterdepots rumspielen, bevor du investierst, besonders wenn du auf Einzelaktien setzen möchtest. Hätte ich alle Aktien, die sich in meinen Musterdepots befanden, immer gleich gekauft, ohne sie zu analysieren, wäre ich wahrscheinlich inzwischen pleite. Über Broker zu handeln ist alles andere als ein Hexenwerk. Der eigenen Strategie zu folgen und sich dabei nicht von Emotionen leiten zu lassen hingegen, bedarf Routine und vor allem Kenntnisse, die über das Bauchgefühl und die »sicheren« Tipps von Börsenexperten hinausgehen.

- Investiere gemäß deines Kenntnisstandes: Es ist keine gute Idee, Aktien zu kaufen, wenn du nicht verstehst, was das Unternehmen tut. Halte Abstand von gehypten Wertpapieren, deren Analyse viel schlechter ist, als der Kurs es widerspiegelt und vertraue nicht auf deinen Bauch, sondern auf deine Strategie.
- Such dir eine Community: Hast du an einem Kurs teilgenommen, vernetze dich mit den Teilnehmer:innen und tausche dich regelmäßig mit ihnen aus. Halte aber auch mit deinen Infos nicht hinterm Berg, sondern teile dein Wissen. Trau dich auch nachzufragen, wenn du etwas nicht weißt oder nicht verstehst.

Ich habe zwar bereits vor einigen Jahren damit angefangen, mich um meine Altersvorsorge zu kümmern – zum Glück. Um die Kosten dafür aber im Blick zu behalten, musst du regelmäßig deine aktuellen Einnahmen und Ausgaben überprüfen und checken, ob Zahlungen in die Altersvorsorge überhaupt weiterhin im bisherigen Umfang möglich sind. In meinem Fall kam das finanzielle Desaster plötzlich von allen Seiten. Als Mr. C. auszog, musste ich die Miete zum großen Teil allein bezahlen. Hinzu kam, dass meine Vermieter meine Miete mal eben um 20 Prozent anheben wollten. Ich sag nur: Indexmiete. In Zeiten geringer Inflation bin ich mit diesem Vertrag immer gut gefahren. In Nach-Corona-und-während-Krieg-und-Energiekrise-Zeiten sah das ganz anders aus. Die gefühlt täglich höheren Energiepreise und Lebenshaltungskosten kamen noch hinzu.

Ich fasse mein Finanzdesaster noch mal kurz zusammen:

- Mann zieht aus und zahlt deutlich weniger Miete
- Miete wird erhöht
- Energiepreise steigen massiv
- Lebenshaltung wird immer teurer

Unterm Strich brauchte ich von jetzt auf gleich rund 700 Euro mehr im Monat. Es war also klar, dass ich mir schnell etwas einfallen lassen musste, um das gestemmt zu kriegen. In solchen Situationen gilt es, einen klaren Kopf zu behalten und zu rechnen. Habe ich erwähnt, dass ich mein Mathe-Abi gerade so bestanden habe? Meine Abneigung gegen Zahlen habe ich heute noch, aber mittlerweile gelernt, dass sie in vielen Situationen unglaublich wichtig sind und dir den Hintern retten können, wenn du sie kennst. Als Unternehmerin bleibt mir sowieso nichts anderes übrig. Ich muss immer und immer wieder kalkulieren. Aber auch als Angestellte oder als Hausfrau kommst du ja nicht drumherum, dich mit reellen Zahlen auseinanderzusetzen. Tust du das nicht, gibst du schnell mehr Geld aus, als dir zur Verfügung steht. Und das kann dir in der Situation der Verlassenen ganz schnell das Genick brechen.

Fazit:

Ich hatte Glück. Ich konnte meine Vermieter davon überzeugen, dass auch eine geringere Mieterhöhung ok ist, und ich habe mehrere Standbeine, die ich ausbauen kann. Ich komme auf jeden Fall über die Runden. Mir ist aber auch bewusst, dass ich mich damit in einer Luxussituation befinde. Wenn du schlechter dastehst als ich, kann ich dir nur dringend raten, etwas dagegen zu unternehmen. Um finanziell unabhängig zu werden, brauchst du einen Überblick über deine Einnahmen und Ausgaben und zumindest grundlegendes Finanzwissen. Das kannst du dir leicht aneignen. Trau dich, du wirst froh sein, wenn du finanziell nicht oder nicht mehr von deinem Ex-Partner abhängig bist. Zum Glück können die in der Regel auch nicht einfach alles Geld mitnehmen, wenn sie dich verlassen. Egal, in welcher Situation du dich finanziell befindest. Nimm deine Finanzen ab jetzt selbst in die Hand!

12. Selbstliebe-Rituale schaffen

Ich habe das Thema Selbstliebe ja bereits das ein oder andere Mal angesprochen. Ist dir aufgefallen, oder? Unter Punkt 11 und auch an einigen anderen Stellen im Buch. Ich hoffe, du hast noch nicht genug davon, immer wieder darüber zu lesen. Denn diese Selbstliebe bringt die richtige Portion Würze in dein Leben. Sie verdient einen ganz eigenen Punkt auf dieser Bucketlist. Findest du nicht auch? Hier geht's um ein paar Tools, die dich dabei unterstützen sollen, dich selbst jeden Tag ein bisschen mehr zu lieben. Mir haben sie geholfen.

a) Sorge für Stabilität und halte dich in Balance

Am ersten Tag des Teacher-Trainings auf Bali bekamen wir von einem unserer indischen Lehrer die Aufgabe, bereits vor der ersten Yogastunde für Stabilität und Balance einige Übungen zu praktizieren. Der Unterricht begann um 7 Uhr morgens, also quälten wir uns gegen 6 Uhr aus dem Bett und trafen nach und nach in unserem Yoga-Shala[22] ein. Die meisten, inklusive mir, konnten kaum die Augen offenhalten um diese Zeit, aber wir haben's durchgezogen und täglich, außer an Krankheitstagen, die wir fast alle hatten, alle folgenden Übungen durchgeführt. Mit sensationellem Erfolg. Mich haut seither nichts mehr so schnell um. Die Frequenz hat etwas nachgelassen, aber ich nehme mir immer noch mehrmals die Woche Zeit für die Übungen.

Übung 1: Füße stärken und für Erdung sorgen

Stell dich mit beiden Beinen fest auf den Boden – Füße in hüftbreitem Abstand. Ausgangslage ist die Berghaltung (Tadasana), bei der du das Gewicht auf die Mitte der Ferse und auf die Ballen unter dem kleinen und den großen Zeh verteilst. So bist du stabil geerdet. Dann hebe die Ferse vom Boden ab und stell dich auf die Zehenspitzen – so weit das eben geht – und lass die Ferse danach wieder sinken. Bitte nicht hektisch auf und ab wippen, sondern langsam und mit Kontrolle heben und senken. Diese Übung kräftig die Fußmuskulatur und dehnt sie gleichzeitig. Außerdem kräftigst du damit deine Wadenmuskulatur. Das Ganze wiederholst du bitte zwanzig Mal pro Set – insgesamt drei Sets.

Übung 2: Stuhlpose (Utkatasana) mit Block

Auch diese Pose beginnt in der Berghaltung, die Füße in Hüftbreite aufgestellt. Klemm dir ein Kissen oder, wenn du hast, einen Yogablock zwischen die Oberschenkel und behalte es während der gesamten Übung dort. Dafür musst du wahrscheinlich deine Innenschenkelmuskulatur aktivieren. Dann beuge deine Knie langsam und senke deinen Hintern ab, als ob du dich auf einen Stuhl setzt und komme anschließend wieder nach oben in den Stand. Gleichzeitig führst du, während du die Knie beugst, die Arme nach vorne oben und senkst sie, wenn du zurück in den Stand kommst. Achte bitte darauf, dass du nicht mit dem Oberkörper nach vorne kippst und deine

Knie nicht über die Zehenspitzen wandern. Sonst verlagerst du zu viel Gewicht auf deine Knie. Die gehören zu den sensibleren Körperteilen und du hast wenig Spaß, wenn sie schmerzen. Lieber nicht so tief »sitzen«, aber Wirbelsäule und Kopf gerade halten und das Gewicht in den Fußsohlen balancieren. Die Stuhlpose stabilisiert deinen Rumpf, stärkt Beine, Rücken und die Schultermuskulatur und sorgt für mehr Balance und Mobilität. Da diese Übung nicht von schlechten Eltern ist, fängst du am besten langsam an. Dreimal zehn Wiederholungen genügen anfangs. Wenn du bereit bist, steigere zunächst auf fünfzehn Wiederholungen pro Set und später auf zwanzig.

Übung 3: Schultern öffnen mit Gurt

Unsere Schultern müssen eine Menge aushalten im Alltag. Jeder, der schon einmal im Schulterbereich verletzt war, weiß, wie wichtig die Mobilität dieses Kugelgelenks ist. Wir sitzen häufig den ganzen Tag mit nach vorne eingerollten Schultern am Schreibtisch. Oder wir neigen dazu, bei Stress oder, wenn wir frieren, die Schultern in Richtung Ohren zu ziehen. Beides sind klassische Fehlhaltungen, die unsere Beweglichkeit einschränken, aufgrund von Muskelverspannungen rund um den Schulterbereich. Wir können diesen Haltungen entgegenwirken, indem wir dafür sorgen, dass die Mobilität des Schultergelenks gewahrt bleibt und Muskelverspannungen sich auflösen. Dafür nimmst du dir einen Gürtel, oder wenn du hast, einen Yogagurt zur Hand. Dann spannst du ihn in einem solchen Abstand zwischen den Händen, dass du die gestreckten Arme von vorne über den Kopf nach hinten bewegen kannst, ohne dabei eine Schulter hochzuziehen und dich irgendwie durchzumogeln. Halte den Gurt lieber zu breit als zu eng. Ziehe die Arme von hinten über oben wieder nach vorne – Gurt gespannt halten. Das Ganze machst du in drei Sets von je zehn Wiederholungen. Du wirst schnell merken, dass du den Gurt Stück für Stück enger halten kannst. Du öffnest dabei deine Brustmuskulatur und stärkst Arme und Schultern.

Übung 4: Vorübung für den Kopfstand und noch mehr Schulterstärkung

Im Grunde ist der Delfin (Shishumarasana) fast ein herabschauender Hund – den kennen ja die meisten. Allerdings legst du die Unterarme für den Delfin auf der Matte ab. Das ist nicht ganz so einfach, dehnt aber deine Brustmuskulatur ganz fantastisch und stärkt die Schultern. Aber Schritt für Schritt: Du beginnst im sogenannten Vierfüßlerstand. Dabei stützt du dich auf deinen Knien und Händen ab. Die Knie befinden sich dabei senkrecht unter den Hüften. Die Hände drücken ein klein wenig vor deinen Schultern in die Matte. Jetzt legst du deine Unterarme so auf der Matte ab, dass du die Ellenbogen ziemlich genau unter den Schultern platzierst. Hände pressen weiterhin in die Matte. Dann stellst du deine Zehen auf und hebst die Knie vom Boden ab. Ganz elegant geht das, wenn du gleichzeitig ausatmest. Du musst die Knie dabei gar nicht unbedingt durchdrücken. Das ist etwas für Fortgeschrittene. Viel wichtiger ist, dass du deinen Rumpf nach hinten schiebst – die Sitzbeinhöcker in Richtung Himmel. Gleichzeitig hebst du den Herzbereich an. Halte den Kopf dabei in der Verlängerung deiner Wirbelsäule.

Der Delfin ist nicht gerade die Lieblingsposition vieler Yogapraktizierender. Denn er ist ganz schön anstrengend. Ich liebe ihn – auch wenn er mir immer noch schwerfällt. Denn diese Umkehrhaltung gibt Vertrauen in deine Basis und Stärke, verbessert die Konzentration, stärkt deine Willenskraft und wirkt gegen Stress. Stehst du stabil im Delfin, kannst du weitergehen und etwas Dynamik in die Position bringen. Schieb dabei deinen Oberkörper langsam nach vorne und dann wieder zurück. Ziel sind drei Sets mit je zehn Wiederholungen. Wenn du irgendwann einmal sicher im Kopfstand stehen möchtest, bereitet der dynamische Delfin dich optimal darauf vor. Du stärkst damit deine Rumpfmuskulatur und vor allem die Arme und den Schulterbereich.

Übung 5: Flacher Bauch und starker Rücken

Für die nächste Übung legst du dich bitte auf den Rücken – die Beine sind ausgestreckt. Die Arme legst du neben deinem Körper ab – oder platziere die Hände unter deinem Po. Die zweite Variante empfehle ich besonders denjenigen, die noch nicht routiniert sind und deren Bauchmuskulatur noch nicht so trainiert. So bekommst du mehr Stabilität und schadest deinem unteren Rücken nicht. Strecke die Beine und hebe sie nun langsam, mit gestreckten Füßen an, bis du ungefähr bei 90 Grad angekommen bist. Ziehe dabei den Beckenboden nach innen und versichere dich, dass du mit dem ganzen Rücken auf dem Boden bleibst. Danach führe die Beine wieder nach unten. Wenn du es schaffst, leg sie zwischendurch nicht ab. Falls es dir mit beiden Beinen gleichzeitig zu schwerfällt, probiere es zunächst mit einem Bein und wechsle dann zum anderen.

Das langsame Anheben und Absenken der Beine zielt auf zahlreiche Muskeln im Körper ab, zum Beispiel die Bauchmuskulatur. Aber auch Hüftbeuger und die Muskeln, die unseren unteren Rücken stabilisieren werden davon angesprochen. Am Anfang wirst du wahrscheinlich nur ein paar Wiederholungen schaffen. Fang doch mit drei Sets mit je fünf Wiederholungen an und steigere dich langsam, bis du drei Sets mit je 20 Wiederholungen schaffst. Ganz wichtig: Überfordere dich nicht. Es ergibt keinen Sinn, wenn du zwar Kraft im Bauch aufbaust, dabei aber den unteren Rücken ruinierst.

Übung 6: Sanfte Rückbeuge und Stärkung der Pomuskulatur

Wo du gerade auf dem Rücken liegst, steigen wir als nächstes in eine sanfte Rückbeuge ein. Die Brücke (Setu Bandha Sarvangasana) soll den Brustbereich öffnen, den Rücken aufwärmen, die Pomuskulatur stärken und ist eine Lightversion der Umkehrhaltungen, also den Posen, in denen das Herz sich höher als der Kopf befindet.

Zieh dafür in Rückenlage die Beine zu dir heran und stelle deine Füße hüftbreit hinter deinem Po ab. Ob du den richtigen Abstand einhältst, kannst du überprüfen, indem du mit den Fingerspitzen an die Fersen tippen kannst. Aber bitte nicht verzagen, wenn du sie noch nicht erreichst. Die Arme legst du bitte neben dem Körper ab und presst sie inklusive der Handflächen in den Boden. Dann hebst du die Hüfte vom Boden ab, während du Füße, Arme und Schultern in den Boden presst. Halte die Brücke für einige Sekunden und senke deine Hüfte dann wieder zum Boden hin ab. Während der ganzen Übung neige das Kinn bitte leicht in Richtung Oberkörper, für mehr Länge im Rücken.

Falls es dir schwerfällt, die Schultern stabil am Boden zu lassen, kannst du während der Asana auch die Außenseiten deiner Matte greifen. So stellst du sicher, dass die Schultern gut aufliegen und geöffnet bleiben. Beginne auch hier am besten mit drei Sets zu je fünf Wiederholungen und steigere dich langsam.

Übung 7: Rückenstärke, Hüftöffnung und Rotation

ür die letzte Übung nimmst du dir bitte wieder einen Gürtel oder Yogagurt zu Hilfe. Du liegst weiterhin auf dem Rücken. Binde den Gurt so, dass er eine Schlaufe formt, in die du deinen Fußballen hineinschieben kannst. Dann hebe dein Bein um 90 Grad an. Der Fuß ist dabei geflext. Lege die Arme ab und halte das Bein einige Minuten nach oben. Der Gurt soll dich dabei unterstützen, aber nicht das Gewicht des Beines vollständig halten. Nach circa drei bis fünf Minuten kannst du das Bein wechseln und die Übung auf der anderen Seite wiederholen.

Im nächsten Schritt steckst du den rechten Fuß in die Schlaufe, die linke Hand legst du auf der linken Hüfte ab. Dann senkst du das rechte Bein gestreckt im 90 Grad Winkel auf der rechten Seite ab, so weit es geht. Damit öffnest du die Hüfte. Wenn du dein Bein nicht halten kannst, ohne mit voller Kraft am Gurt zu ziehen, leg es gerne auf einem hohen Kissen, einem Yogablock oder Bolster ab. Hierbei geht es in erster Linie um die Hüftöffnung. Die Kraft im Bein kommt nach und nach. Achte darauf, dass beide Hüften während der Übung auf dem Boden bleiben, ebenso wie beide Schultern. Nach weiteren drei bis fünf Minuten führst du das Bein wieder zurück nach oben, nimmst den Gurt in die andere Hand und ziehst das Bein auf die linke Seite. Du darfst dabei die rechte Hüfte etwas vom Boden lösen, aber die Schultern bleiben flach auf der Matte. Auch auf dieser Seite hältst du die Position für drei bis fünf Minuten und führst das Bein dann zurück zur Mitte. Wiederhole die Übung mit dem linken Bein. Wenn du am Anfang noch keine drei Minuten halten kannst, setz dich bitte auch hier nicht unter Druck. Fang mit 30 Sekunden an und steigere dich in deinem Tempo.

Noch etwas Grundsätzliches: Yoga bietet unendlich viele Möglichkeiten und Variationen. Du wirst auf der einen oder anderen Website oder auch bei anderen Yogalehrer:innen Variationen all dieser Übungen finden. Das ist völlig in Ordnung. Wenn du von deinem Lehrer oder deiner Lehrerin andere Asanas gezeigt bekommst und du dich damit wohler fühlst, praktiziere diese. Im Yoga kann vieles, aber nichts muss – du solltest dich aber gut dabei fühlen. Mach dich also nicht fertig, weil du irgendeine Übung nicht kannst oder noch nicht stabil genug hältst. Yoga bedeutet auch, dass du Geduld brauchst und dir die nötige Zeit dafür einräumst. Es ist immer »Work in progress.«

B) Wie sprichst du eigentlich mit dir?

Ist dir schon einmal aufgefallen, wie oft du Schlechtes über dich selbst sagst? Ich habe vor einigen Jahren einmal ein Buch für eine Expertin geschrieben, bei dem es um Kundenbeziehungen ging. Sie verfolgte die These, dass wir nur dann gute Gespräche mit unseren Kund:innen führen können, wenn wir mit uns selbst liebevoll sprechen. Als Recherche dafür habe ich mich selbst ein paar Wochen lang beobachtet. Das Ergebnis hat mir die Schuhe ausgezogen. An guten Tagen sagte ich nur ab und an Sätze wie: »Was machst du denn da wieder?« oder »Das hättest du jetzt aber besser hinkriegen können!« An schlechten Tagen beschimpfte ich mich regelrecht als Versagerin, die nicht in der Lage war, einen Fuß vor den anderen zu setzen. So ging das über Wochen. Und mein Unterbewusstsein hat all diese negativen Emotionen, mit denen ich mich selbst jeden Tag bombardierte, dankbar abgespeichert. Und da wundert man sich, wenn die Laune nicht besser wird. Ich habe im Anschluss jahrelang an meinem Selftalk gearbeitet und sehr penibel darauf geachtet, dass ich mir vor allem Positives sage. Ich lobte mich dafür, wenn ich Texte überpünktlich abgeliefert habe, sprach ganz stolz darüber, wenn ich ein Buch abgeschlossen hatte oder wieder einmal einer meiner Artikel in einer Zeitung oder Zeitschrift gedruckt wurde und vieles mehr. Ganz langsam gewöhnte sich mein Unterbewusstsein auch daran und verknüpfte immer mehr, was ich tat mit positiven Gefühlen. Das war ein hartes Stück Arbeit. Aber es hat sich gelohnt.

Und dann zog Mr. C. aus. Und ich fiel innerhalb weniger Tage wieder in ein Muster, das ich, so dachte ich, vor Jahren bereits abgelegt hatte. Ich war plötzlich ängstlich, fühlte mich als Versagerin und dachte: Ab heute wird gar nichts mehr gut. Zum Glück habe ich das sofort bemerkt und suchte nach einem Buch, das mich ganz schnell wieder aus dieser Misere rausziehen würde. Ich lese gerne. Deswegen helfen mir Bücher. Da du dieses Buch liest, scheint es dir ähnlich zu gehen. Aber natürlich kannst du auch Youtube-Videos schauen, dich mit Freunden und Freundinnen unterhalten oder was auch immer dein Herz begehrt, wenn du drohst, in negativem Selftalk zu versinken. Ich fand das Buch »Madly in Love with ME« von Christine Arylo[23]. Die Lektüre hat mich rausgezogen aus dem Selbstmitleidssumpf, als ob mich jemand an den Haaren gepackt und nach oben gezerrt hätte. Kein schönes Bild, ich weiß. Aber so hat es sich anfangs angefühlt. Ich fand es schmerzhaft, wieder von vorne anzufangen und Positivität und Selbstliebe wieder neu lernen zu müssen.

Ich begann wieder mit Ritualen, an die ich lange nicht mehr gedacht hatte und führte mir immer diese Sätze vor Augen: »Du kannst nicht ändern, dass Mr. C. gegangen ist, und es gibt nichts, was du dafür tun kannst, damit er zurückkommt. Aber du kannst deine Haltung zu dir und deiner Situation so weit verändern, dass du dich gut fühlst und das Positive aus deiner Lage herausziehen kannst.«

Damit habe ich angefangen:

- Ich habe jeden Morgen, noch im Bett, mit einem Lächeln begrüßt, auch wenn mir gar nicht danach war.
- Ich habe mich vor den Spiegel gestellt und mir jeden Tag fünf Dinge gesagt, die ich an mir toll finde – laut!

- Wenn ich einen Fehler gemacht habe oder etwas schusselig war, habe ich darüber gelacht.
- Und das Wichtigste: Ich habe mir jeden Tag verziehen, dass ich nicht perfekt bin und, dass ich immer wieder einmal von vorne anfangen muss.

Inzwischen habe ich ein kleines Mantra, dass ich mir täglich laut sage:

»Du bist freundlich, du bist wundervoll, du bist klug, du bist offen, du bist stolz – du bist eine Göttin.«

Das habe ich mir nicht ausgedacht. Eine Freundin hat mir dieses Mantra mit auf den Weg gegeben. Anfangs kam ich mir ein bisschen blöd dabei vor. Aber inzwischen nutze ich diesen Satz in jeder noch so passenden und unpassenden Situation – immer dann, wenn ich anfange, schlecht über mich selbst zu denken.

Und wenn ich mich über jemand anderen ärgere, schließe ich die Augen und sage ein Mantra auf, das ich von Deep, meinem Yogalehrer, gelernt habe:

»May all be happy, may all be healthy, may all enjoy their lives.«[24]

Dann verschwinden meine schlechten Gedanken meist so schnell wieder, wie sie gekommen sind.

c) Wofür bist du dankbar?

Eine meiner wichtigsten Lektionen, die ich in den letzten Jahren gelernt habe, ist die Dankbarkeit für alles, was in meinem Leben so passiert. Seit ich aufgehört habe, mit meinem Leben zu hadern, läuft es eindeutig besser. Als ich verlassen wurde, habe ich das mal eben für ein paar Wochen vergessen. Aber ich hatte mich und meinen Frust und meine schlechte Laune ziemlich schnell satt. Jetzt schreibe ich wieder jeden Abend bevor ich einschlafe mindestens fünf Dinge auf, für die ich heute dankbar bin. Probiere das unbedingt aus. Du wirst dich wundern, wie gut das tut und wieviel besser du dich fühlen wirst. Eine weitere Übung, die du ganz leicht umsetzen kannst: Mit etwas Abstand lassen sich Dinge meist besser betrachten als in der Situation, in der sie passieren. Als ich ein paar Wochen getrennt war, schrieb ich mir auf, welche Vorteile ich dadurch genießen konnte. Und immer, wenn ich mit der Situation hadere, hol ich diesen Zettel wieder vor. Darauf stehen so Sätze wie:

- Ich muss mit niemandem mehr Termine abstimmen.
- Ich muss mich nicht mehr mit den Launen eines anderen herumschlagen.
- Ich kann quer im Bett liegen und keiner beschwert sich darüber.
- Ich kann verreisen, wann immer ich will und wo immer ich hinmöchte.
- Ich kann mich treffen, mit wem ich will und wann immer ich das möchte.

Die Liste ist lang und wird täglich länger. Damit möchte ich gar nicht das Positive an der Beziehung kleinmachen. Aber ich verschiebe meinen Fokus darauf, was jetzt besser und einfacher für mich ist. Schließlich ist er ja gegangen und es bringt mich kein Stück weiter, wenn ich an das zurückdenke, was war. Ich möchte das genießen, was jetzt ist. Das ich diese Fähigkeit habe, begeistert mich und dafür bin ich sehr dankbar.

Übrigens, wenn du visualisierst, wie dankbar du für etwas bist, was in der Zukunft geschieht, schickst du so viel Energie in diese Richtung, dass die Wahrscheinlichkeit, dass genau das eintritt, steigt. Das mag für die einen spiritueller Nonsens sein. Aber es ist vor allem eins: Physik. Denn Energie folgt ja bekanntermaßen deiner Aufmerksamkeit. Legst du sie auf Dankbarkeit und Positives, wird diese Energie dir folgen. Und das klingt doch gut oder nicht?

13. Eine Ikone – oder ein Klischee sein

Als ich anfing, dieses Buch zu schreiben, habe ich öfter den Satz gehört: »Damit bedienst du jedes Klischee.« Und wie immer, wenn ich schreibe, kam ich irgendwann an den Punkt, an dem ich mich fragte: Ergibt das, was ich hier schreibe, überhaupt irgendeinen Sinn? Will das irgendjemand lesen? Hinzu kam der Zweifel daran, ob es wirklich eine gute Idee ist, über etwas so Privates zu schreiben, das vielleicht privat bleiben sollte. Da du das Buch gerade liest, weißt du, ich habe mich dafür entschieden, weiterzumachen. Denn ich glaube, dass das Thema Selbstliebe besonders in unserer Generation eine echte Herausforderung darstellt.

An meinem Yoga-Teacher-Training auf Bali nahm auch eine junge Italienerin teil. Sie leitet schon seit einigen Jahren Frauenzirkel und sie sagte mir: »Ich verstehe nicht, warum Frauen deiner Generation immer so viel Schuld empfinden?« Das musste ich erst mal sacken lassen. Je mehr ich darüber nachdachte, desto klarer wurde mir: Es stimmt! Zahlreiche Frauen in meinem Umfeld fühlen sich schuldig, weil sie angeblich als Mutter versagt haben, nie die perfekte Ehefrau waren, nicht eine steile Karriere verfolgen und und und.

Kannst du dich noch an den Auftritt des Kabarettisten Florian Schröder erinnern, was er 2016 in der NDR-Talkshow über Frauen gesagt hat?

Er zerlegte in wenigen Sätzen das Bild und die Erwartungshaltung, die die Gesellschaft an uns Frauen hat. Wie absurd ist das eigentlich?

Ladys, wir sind Teil dieser Gesellschaft. Wir gestalten diese Gesellschaft mit. Aber wir sind eben so erzogen worden. Ich habe ein tolles Elternhaus und trotzdem wurde ich noch oft genug ausgebremst. Oder ich stoppte mich selbst, wenn ich dachte: »Was halten bloß die anderen davon?« Jede einzelne von uns, die hinter vorgehaltener Hand sagt: »Hast du mitbekommen, dass Christine direkt nach der Geburt wieder arbeiten gegangen ist? Ich könnte das ja nicht. Das ist nicht gut für das Kind.«, trägt zu den Schuldgefühlen von uns Frauen bei. Und jede die kommentiert: »Hast du Anja kürzlich mal gesehen? Die hat aber zugenommen. Seit sie verheiratet ist, lässt sie sich ganz schön gehen.«

Warum nur fühlen wir uns selbst besser, wenn wir so einen Bullshit reden? Da ist es doch kein Wunder, dass wir uns dauernd schlecht und schuldig fühlen – wenn wir selbst ein völlig unrealistisches Frauenbild aufbauen und aufrechterhalten, anstatt es einzureißen und zu zeigen: Wir sind fantastisch! Was geben wir Ü40-Frauen denn mit so einem Verhalten für ein Bild an die jüngeren Generationen weiter? Ich bin unglaublich dankbar dafür, dass mir diese junge Italienerin einen Spiegel vorgehalten hat. Meine größte Stütze und Wachrüttlerin in der Ausbildung war jedoch die inzwischen 25-jährige Paulina. Wir unterhielten uns am ersten Tag darüber, was wir so alles im Leben machten. Als ich erzählte, wurden ihre Augen immer größer und sie meinte irgendwann: »Wenn ich groß bin, möchte ich du sein.« Sie sagte mir das in einer Zeit, in der ich mit allem in meinem Leben haderte und mir wurde klar: Auch wenn's mal nicht so gut läuft, ich habe ein verdammt großartiges Leben. Und so ein Leben wünsche ich auch allen anderen Frauen – egal ob Ü40 oder U40. Wäre es nicht toll, wenn wir alle mit unserem Leben glücklich wären? Mir würde es gefallen, wenn wir »Mittel-old-Ladys« allen nachkommenden Frauen und auch Männern vorleben könnten: Wir sind der Hammer – auch wenn wir nicht makellos sind. Perfektion war gestern – heute ist Selbstfürsorge angesagt. Jetzt geht es um die Anerkennung unserer Großartigkeit und um Liebe für andere, aber ganz besonders für unser Leben und für uns selbst.

FAZIT:

Die Welt braucht mehr Frauen, die sich trauen. Schon Pumuckl wusste: »Was sich reimt ist gut.« Also noch mal: Wir brauchen Frauen, die sich trauen, alles zu denken und zu fühlen, was sie wollen. Frauen, die es wagen, ihre Gefühle nicht in sich hineinzufressen, sondern sie zu äußern. Frauen, die nicht taktieren, sondern offen und ehrlich das sagen, wovon sie überzeugt sind. Frauen, die Frauen unterstützen, anstatt sie kleinzuhalten, damit sie keine Gefahr darstellen. Frauen in Unternehmen, in Netzwerken, in den Medien. Ich habe noch nie so offen und freundlich auf andere Frauen geblickt wie in diesen Tagen. Wir können so viel voneinander profitieren, dass es mir inzwischen Schmerzen bereitet, wenn ich erlebe, dass eine Frau schlecht über eine andere spricht, weil sie sich von ihr bedroht fühlt. Sei eine von diesen Frauen, die nur Gutes über andere sagen – liebe dich und liebe dein Leben! – vielleicht klappt das nicht immer, aber von jetzt an immer öfter.

DANKE!

Ich danke dir, dass du dieses Buch gekauft und gelesen hast. Ich hoffe, dass du daraus ganz viel mitnehmen kannst und, dass du deine eigene Bucketlist entwickelst, um dein bestes Leben zu führen.

Damit ich meine Liste erleben und aufschreiben konnte, brauchte ich viele Menschen: Danke an alle Männer, die mich erst geliebt und dann trotzdem verlassen haben. Ich bin jedes Mal ein Stück gewachsen. Danke an alle meine Freundinnen und Freunde, die mich immer wieder zusammengeflickt haben, wenn ich meine einzelnen Stücke nicht mehr finden konnte. Ich danke all den Menschen, die in diesem Buch vorkommen und die mich inspiriert haben. Danke an Victor – mein Seelenhund – der mir beigebracht hat, was bedingungslose Liebe bedeutet. Ich werde dich nie vergessen, meine kleine Lakritznase. Danke an den wunderbaren Mr. C., der mich dazu gezwungen hat, mich selbst wieder mehr zu lieben und mir gezeigt hat, dass Liebe auf vielen Ebenen stattfindet. Danke an Axel, Tünde, Manú, Anna, Monika, Andrea und Tina, die mich im ersten Schock abwechselnd aufgefangen haben.

Danke an Sandra und Sabine fürs kritische Betrachten des ersten Teils dieses Buches – so schön, dass es euch gibt. Danke an Sarah für das wunderbare Cover und deine charmante, spontane Art. Danke an Marion für die Gestaltung des Innenlebens. Danke an meine Familie, Mama, Papa, Sven, Ute, Jutta, Helmut, Jana, Mina, Lasse und Alma – ich liebe euch!

Danke an Paulina – du wunderbare Elfe – ich lerne mindestens so viel von dir, wie du von mir. Vielen Dank auch an den Rest der Teacher-Training-Truppe: You're my daily inspiration.

Danke an alle meine Yogalehrer:innen, besonders an Persia, Deep, Vijeth, Omri, Lea, Marion und das gesamte Team von »Bikram Yoga Altona« und »East + West« (special thanks to Ranty).

Mein größter Dank gilt aber Nadine und Jana, ohne die es dieses Buch nicht geben würde. Ihr unterstützt mich und macht, meist ohne zu murren, jeden Blödsinn mit und haltet mir dabei stets den Rücken frei. Obwohl wir so verschieden sind, bringt ihr immer Verständnis für mich auf. Danke, dass ich mich mit euch auch streiten kann, wenn es denn mal sein muss, und dass das nie zwischen uns steht. Ihr sorgt dafür, dass ich so sein kann, wie ich bin und supportet mich, damit ich so leben kann, wie ich will.

Happy End!

Während ich diese Zeilen schreibe, sitze ich bereits sechs Stunden todmüde im Transit am Flughafen in Dubai. Nachts um 2:30 Uhr bin ich mit dem Kopf auf dem Laptop eingeschlafen. Als ich kurz darauf wieder aufwache, spricht mich ein fremder Mann an, rein optisch gesehen wohl ein paar Jahre älter als ich. Er möchte wissen, wann mein Anschlussflug geht, erzählt, dass er selbst noch weitere sechs Stunden Wartezeit überbrücken muss. Wir unterhalten uns übers Bücherschreiben – er schreibt über Makroökonomie, ich gebe zu, dass ich ein Buch über Liebeskummer verfasse. Er erzählt von einer Freundin, die von ihrem Mann mit Ende 40 verlassen wurde und inzwischen seit zwei Jahren um diese Trennung kreist. Er sagt ihr, sie soll endlich ihr eigenes Leben führen. Ich rate ihm, sie zu einem:r Therapeut:in zu schicken. Er erzählt von Lobbyismus und den Problemen bei der Preisgestaltung für seine Bücher. Die Zeit vergeht wie im Flug. Wir tauschen Nummern aus, verlinken uns über WhatsApp und LinkedIn. Seither haben wir nichts mehr voneinander gehört. Und das ist völlig ok. Denn es ging bei unserem Gespräch nicht darum, einen potenziellen Partner oder potenzielle Partnerin zu treffen. Wir wollten uns einfach nur freundlich unterhalten und uns die Zeit gemeinsam vertreiben. Das war schön und ergiebig.

Es kann auch anders laufen. Die Tochter einer Freundin ließ sich auf Bali tätowieren. Während sie darauf wartet, unter die Nadel zu kommen, spricht sie mit einem jungen Mann aus Neuseeland, der ebenfalls gleich tätowiert wird. Als sie fertig ist, bleibt sie und sieht zu, wie er ein größeres Tattoo bekommt. Innerhalb kurzer Zeit verlieben sie sich, verbringen zwei wundervolle Tage miteinander und müssen sich wieder verabschieden. Beide leben ihr Leben weiter – aber er hat jetzt ein Flugticket nach Deutschland und wird den Winter in Europa verbringen. Ein Traum.

Diese zwei Beispiele zeigen sehr schön, wie wichtig es ist, stets offen zu bleiben. Wenn wir trauern, neigen wir in der Regel dazu, uns zumindest innerlich zu verschließen und niemanden mehr an uns heranzulassen. Das mag uns zwar zunächst vor weiteren Verletzungen schützen. Es verhindert aber auch, dass wir genießen – mit allen Sinnen – und leben. Deshalb ist es wichtig, dass du, egal wie sehr du verletzt bist, offen bleibst für dich, dein Leben und deine Zukunft. Ich hoffe, du bist nach der Lektüre meines Buches ein bisschen weniger traurig und blickst trotz deiner Trauer nach vorne. Ich wünsche dir, dass du zukünftig noch (einmal) eine Liebe findest. Eins ist sicher – glücklich bist du dann, wenn du selbst deine große Liebe bist. Egal, welcher Mann noch in dein Leben tritt – hoffentlich entscheidest du dich jeden Tag für dich. Vielleicht brauchst du dann auch gar keinen großartigen Mann an deiner Seite – vielleicht bist du genug für dein Happy End!

Quellen und Links

1 https://www.sciencedirect.com/science/article/pii/S1744388122000202?via%3Dihub

2 https://www.medical-tribune.de/medizin-und-forschung/krankheitsbild/rheumatologie/spondylarthritis-axiale

3 https://www.geo.de/wissen/gesundheit/neurogenes-zittern--wie-sich-stress-abschuetteln-laesst-30448892.html

4 https://www.theanatomyschool.com/

5 https://de.wikipedia.org/wiki/Mantra

6 https://wiki.yoga-vidya.de/Hrim

7 https://www.hypnosebehandlung-hamburg.de/

8 Alle Angaben zu den Gehirnwellen stammen aus den Ausbildungsunterlagen der terramedus® (www.terramedus.de), bei denen ich meine Hypnosetherapie-Ausbildung absolviert habe.

9 https://dgh-hypnose.de/wissenschaftliche-anerkennung

10 https://hypnoseinstitut.de/hypnose-faq/ist-die-effektivitaet-von-hypnose-medizinisch-erwiesen/

11 https://feetup.com/

12 https://www.leazubak.com/

13 https://www.carlrogers.de/

14 Wer sich für die Gesprächsführung nach Rogers interessiert, kann diese Form der Therapie zum Beispiel an der Grünen Schule in Hamburg lernen, die ich sehr empfehlen kann. Das Kursangebot findest du unter https://www.hafn.de/

15 Ich habe meine Ausbildung bei terramedus in Stuttgart absolviert. Die Dozentin Annette Lösel-Cabuk ist ein Highlight: https://www.terramedus.de/bildungsangebot/ausbildung-hypnose-kurs-hypnose-coach/

16 https://de.wikipedia.org/wiki/Sexting

17 https://yogaeastwest.com/

18 https://www.dak.de/dak/meine-gesundheit/tipps-fuer-mehr-selbstliebe-2481650.html#/

19 https://madamemoneypenny.de/

20 https://finance.academy/

21 https://www.gabal-verlag.de/buch/30-minuten-sicher-investieren/9783967402254

22 https://wiki.yoga-vidya.de/Shala

23 https://christinearylo.com/books/#mlmsection

24 »Mögen alle glücklich sein, mögen alle gesund sein, mögen alle ihr Leben genießen.«

Arylo, Christine: Madly in Love with ME: The Daring Adventure of Beco- ming Your Own Best Friend, New World Library, 2012

Bryars, Ziella: How to mend a broken heart, Fairlight Books, 2021

Steinkopff, Nils; Schnell, Mona: 30 Minuten Sicher investieren, Gabal Verlag, 2022

Stiwi, Katharina, Rosendahl, Jenny: Efficacy of laughter-inducing interventions in patients with somatic or mental health problems: A systematic review and meta-analysis of randomized-controlled trials, Complement Ther Clin Pract. 2022 May; 47:101552. doi: 10.1016/j.ctcp.2022.101552. Epub 2022 Feb 13.

Über die Autorin

Seit über 20 Jahren arbeitet Mona Schnell als Journalistin, Autorin, Ghostwriterin und PR-Beraterin für Künstlerinnen und Experten in vielen Bereichen. Sie ist außerdem Yogalehrerin und Heilpraktikerin für Psychotherapie – ausgebildet in Hypnose und Gesprächsführung nach Rogers. Für Ihre Kund:innen entwickelt sie Kommunikationsstrategien und setzt sie um, erarbeitet Buchkonzepte und coacht von der Buchidee bis zum fertigen Manuskript. Schnell ist Teil der Geschäftsführung der Hamburger Booking- und PR-Agentur moca 2gether und des Montagshappen Verlags.

Weitere Bücher der Autorin:

Kill dein Kaninchen!
Wie du irrationale Ängste kaltstellst
Gabal Verlag, 2018

30 Minuten Sicher investieren
Gabal Verlag 2022

Über den Montagshappen Verlag

Unsere Story

Wir lieben Bücher! Eigene, fremde, neue, alte, große, kleine, geschrieben, zum Hören, digital oder gedruckt.

Wenn es nach Jana Assauer ginge, würde sie den ganzen Tag mit einem guten Buch auf dem Sofa verbringen, lesen und lernen. Ihr Mann, die Kinder und die Arbeit machen ihr aber immer wieder einen Strich durch die Rechnung. Die Konsequenz – der Job muss sich mit Bildung und Büchern beschäftigen. Seit vielen Jahren macht sie bereits über ihre Bildungsbotschaft PR für Bücher und Experten, die Bücher schreiben.

Mona Schnell würde am liebsten den ganzen Tag selbst Bücher schreiben – zu eigenen Themen oder als Ghostwriterin, wenn die Idee spannend und relevant ist. Wenn sie nicht selbst textet, hat sie Bücher und Podcasts auf den Ohren, wo sie geht und steht, wenn sie nicht gerade Yoga praktiziert.

Gemeinsam sind wir die Gründerinnen des Themendienstes und der PR-Agentur Montagshappen und in 2020 ist der Montagshappen Verlag dazugekommen. Mit diesem Verlag wollen wir Expertinnen und Partnerinnen sein für Autoren und Experten, für Neudenker und Neuschreiber und mit unserer Expertise Autor:innen schnell und flexibel für ihre Veröffentlichung zur Seite stehen. Unsere Stärke: Wir vernetzen Menschen und Themen mit Offenheit und Kooperationsgeist.

Foto: Nora Tabel

»Schreiben ist leicht. Man muss nur die falschen Wörter weglassen.«

Mark Twain, amerikanischer Autor (1835-1910)

Wenn das mit den richtigen Worten so einfach wäre, gäbe es mit Sicherheit in allen Bereichen weniger Probleme. Mit unseren Schreibworkshops schaffst du es, die richtigen Worte zu finden, damit deine Texte Interesse wecken und Wirkung zeigen.

Wolltest du schon immer mal erreichen, dass ein Journalist deinen Pressetext einfach so übernimmt? Oder wünschst du dir mehr Öffnungen deines Newsletters, mehr Traffic auf deiner Homepage oder sogar ein eigenes Buch? Dann bist du bei uns richtig:

Wir zeigen dir, welche Meldungen über tatsächlichen Newswert verfügen und wie du diese so aufbereitest, dass sie gerne gelesen werden. Das gilt für Blogs und Homepage-Texte ebenso wie für Pressemitteilungen, Gastbeiträge und Newsletter. In unseren »Schreibcamps« lernst du anhand von Beispielen die Dos and Don'ts in den jeweiligen Kategorien. Außerdem geben wir dir eine Toolbox an die Hand, erarbeiten gemeinsam erste Werke oder überarbeiten bereits vorhandenes Material.

In speziellen Buchworkshops erarbeiten wir mit dir Exposés, Buchstrukturen und zeigen dir, wie du die vielen Seiten mit spannenden und gekonnt geschriebenen Inhalten füllst.

Schreibworkshops gibt es für Anfänger und Fortgeschrittene. Sprich uns an.

https://montagshappen-verlag.de/

kontakt@montagshappen.de